城市轨道交通运营车辆系统岗位培训教材

城市轨道交通工程车驾驶

丛书主编：张　辉　谭文举　柳　林
主　编：谭文举　王　亮　罗　敏　于　深
主　审：李文柱　祁　勇

中国建筑工业出版社

图书在版编目（CIP）数据

城市轨道交通工程车驾驶/谭文举，王亮，罗敏，于深主编.—北京：中国建筑工业出版社，2017.3
城市轨道交通运营车辆系统岗位培训教材
ISBN 978-7-112-20393-2

I.①城… II.①谭… ②王… ③罗… ④于… III.①城市铁路-工程车-驾驶员-岗位培训-教材 IV.①U239.5

中国版本图书馆CIP数据核字（2017）第026849号

本书包括6章。分别是工程车司机概况、行车基础知识概述、行车组织基础、车辆基础知识、机车操作与驾驶、通用安全知识等内容。本书根据城市轨道交通工程车司机岗位标准和培训规范进行编写。内容丰富，通俗易懂。

本书可作为城市轨道交通运营车辆系统岗位培训考试用书，也可作为运营管理部门、设计部门、科研单位和教育机构的参考书。

责任编辑：胡明安
责任设计：谷有稷
责任校对：李欣慰 刘梦然

城市轨道交通运营车辆系统岗位培训教材
城市轨道交通工程车驾驶
丛书主编：张 辉 谭文举 柳 林
主　　编：谭文举 王 亮 罗 敏 于 深
主　　审：李文柱 祁 勇

*

中国建筑工业出版社出版、发行（北京海淀三里河路9号）
各地新华书店、建筑书店经销
霸州市顺浩图文科技发展有限公司制版
北京同文印刷有限责任公司印刷

*

开本：850×1168毫米 1/32 印张：7 插页：1 字数：193千字
2017年5月第一版 2017年5月第一次印刷
定价：**23.00**元
ISBN 978-7-112-20393-2
(29912)

版权所有 翻印必究
如有印装质量问题，可寄本社退换
（邮政编码100037）

本书编委会

丛书主编：张　辉　谭文举　柳　林

主　　编：谭文举　王　亮　罗　敏　于　深

主　　审：李文柱　祁　勇

编　　委：（排名不分先后）

唐宇斌　汪华俊　李燕艳　赵磊通　谢亚栋

李大洋　黄凯宇　黎东民　王　磊　王俊峰

邓伟健　黄　斌　李　勇　谭睿珂　张平东

陈　洋　李　爽　李的晋　张忠强　于得水

孙拓东　张保华　李久旺　吕增顺　高大毛

参编单位：南宁轨道交通集团有限责任公司

中国建筑股份有限公司

序

目前，随着我国城市轨道交通事业的快速发展，城市轨道交通的运营、管理及安全已经摆到了首位。轨道交通系统一旦建成，就必须夜以继日地保持系统的安全和高效运营。城市轨道交通系统设备先进、结构复杂，高新技术应用越来越普及，要保障这样庞大系统的安全和高效，必须依靠与之相协调的高素质的人员。轨道交通行业职工素质的高低直接关系到企业的生存和发展。因此，企业必须拥有一支高素质的技术队伍，培养一批技术过硬、技艺精湛的能工巧匠，才能确保安全生产，提高工作效率，提升非正常情况下的应急应变能力。

岗位培训是人才培养的重要途径，是提高企业核心竞争力的重要手段，而岗位培训需要适合的培训教材，在对国内城市轨道交通行业进行广泛调研的基础上，我们推出了"城市轨道交通运营车辆系统岗位培训教材"，涉及城市轨道交通标准化作业教程、电客车驾驶、工程车驾驶、工程车检修技术、厂段调度、车辆系统功能与组成、车辆检修技术、设备维修技术、设备操作原理、运营安全管理等内容。

本套教材由南宁轨道交通集团和中国建筑股份有限公司组织从事城市轨道交通建设和运营管理的专家编写。在教材内容方面，力求实用技术和实际操作全面、完整，在注重实际操作的基础上，尽可能将理论问题讲解清楚，并在表达上能够深入浅出。本套丛书不仅是城市轨道交通工程运营专业人员的岗位培训、技能鉴定的培训教材，也可以作为城市轨道交通大中专院校、职业学校学生的教学参考用书。

相信该套培训教材，能在广泛吸收国内、外同行技术与管理经验的基础上,结合国内行业实际情况,为城市轨道交通车辆系统,提供一套完整而系统的参考读物,亦为我国城市轨道交通运营管理的基础理论和实用技术填补空白。

张　辉

前　言

　　自从世界上第一个地铁系统于 1863 年在英国伦敦建成运营以来，世界各大城市都采用轨道交通系统作为城市骨干公共交通系统。我国的城市轨道交通系统始于 1965 年，在城市公路交通状况日益恶化的背景下，全国越来越多的大中城市大力发展城市轨道交通来缓解交通拥堵状况。

　　在城市轨道交通系统中，工程车辆是保证安全运营不可缺少的设备，承担着紧急救援、调车作业、供电设备和线路维修、线路和接触网检测、钢轨打磨修复等任务。工程车驾驶员作为上述任务的执行者，是保障工程车辆安全作业的关键，是安全运营的基础。工程车辆的驾驶及运用工作需要大量具有相关专业知识的技术人员，而目前培养这些技术人员迫切需要一些深入浅出，简明易懂的教材。本书便是基于以上目的编著而成。

　　本书以南宁轨道交通一号线为例，系统介绍了城市轨道交通工程车辆驾驶员所需要掌握的基础知识。本书共分为 6 章，第 1 章：工程车司机概况；第 2 章：行车基础知识概述；第 3 章：行车组织基础；第 4 章：车辆基础知识；第 5 章：机车操作与驾驶；第 6 章：通用安全知识。全书编排由浅入深，做到理论与实际相结合，让读者在学习工程车有关知识的同时提高对工程车的驾驶操作水平。

　　本书对编者多年来在轨道交通行业的实践进行了较为全面和科学的总结，具有较强的实用性和可操作性，本书可作为城市轨道交通工程车辆驾驶员的职业培训教材，也可供城市轨道交通系统的技术管理人员参考和借鉴。

　　本书在编写过程中得到了南宁轨道交通集团及运营分公司领

导专家的大力支持，在此一并致谢。在成文过程中，也参考和引用了部分同行的相关成果，特向相关作者表示感谢。鉴于编者水平有限，书中纰漏和不足之处在所难免，恳请广大专家、读者批评指正！

编　者

目 录

1 工程车司机概况 ……………………………………… 1
  1.1 工程车司机岗位概况 …………………………… 1
    1.1.1 工程车司机有关岗位定义 ………………… 1
    1.1.2 工程车司机相关岗位职责与作业范围 …… 2
    1.1.3 工程车司机出、退勤制度 ………………… 6
    1.1.4 整备作业制度 ……………………………… 7
  1.2 工程车司机呼唤应答及标准用语 ……………… 14
    1.2.1 呼唤应答程序 ……………………………… 14
    1.2.2 联控用语 …………………………………… 16

2 行车基础知识概述 ……………………………………… 18
  2.1 轨道线路与车辆段 ……………………………… 18
    2.1.1 轨道线路 …………………………………… 18
    2.1.2 地铁车辆段 ………………………………… 27
  2.2 信号显示 ………………………………………… 30
    2.2.1 标志牌 ……………………………………… 30
    2.2.2 信号设备 …………………………………… 32

3 行车组织基础 …………………………………………… 54
  3.1 行车组织概述 …………………………………… 54
    3.1.1 行车相关概念 ……………………………… 54
    3.1.2 行车基础 …………………………………… 57
    3.1.3 列车编组及开行规定 ……………………… 61

3.2 非正常情况下行车组织 ············ 63
3.2.1 非正常情况下的处理 ············ 63
3.2.2 封锁进路行车组织 ············ 68

4 车辆基础知识 ············ 70
4.1 工程车辆概要 ············ 70
4.1.1 工程车的发展 ············ 70
4.1.2 南宁地铁1号线配属工程车 ············ 75
4.2 工程车的主要组成 ············ 76
4.2.1 走行部 ············ 77
4.2.2 机械间部件 ············ 92
4.2.3 工程车车底部部件 ············ 108
4.2.4 制动系统 ············ 127
4.2.5 工程车冷却装置 ············ 171
4.2.6 电气系统 ············ 173

5 机车操作与驾驶 ············ 177
5.1 内燃机车操作与驾驶规程 ············ 177
5.1.1 操作规程 ············ 177
5.1.2 岗位危险源 ············ 179
5.1.3 制动机试验 ············ 187
5.2 相关作业流程 ············ 197
5.2.1 过度车钩拆装作业流程 ············ 197
5.2.2 工程车车厂调车作业的规定 ············ 198
5.2.3 工程车正线作业流程 ············ 200

6 通用安全知识 ············ 203
6.1 工程车司机岗位安全规定 ············ 203
6.1.1 安全守则 ············ 203
6.1.2 库内及工程车辆消防规定 ············ 204

    6.1.3 工程车库内火灾应急处理 ·················· 205
    6.1.4 工程车在车厂及正线火灾应急处理 ············ 206
    6.1.5 工程车加注燃油安全作业 ··················· 207
6.2 防护设备的使用 ····························· 209
    6.2.1 灭火器的性能和使用方法 ·················· 209
    6.2.2 防毒面具的作用和使用方法 ················· 211
    6.2.3 消防栓的性能和使用方法 ·················· 212

1 工程车司机概况

1.1 工程车司机岗位概况

1.1.1 工程车司机有关岗位定义

工程车是地铁运营及设备维护需要使用的一种很重要的设备,在许多地铁系统的维护作业中都需要使用工程车。经过多年的发展,地铁工程车也增加了多种车型,作业范围包括车厂和正线多种维护、抢修和运输任务,例如:接触网综合检修、接触网导线更换、洗车机检修、漏缆半年检、钢轨打磨和运卸枕木、石渣、钢轨作业等。而工程车司机作为工程车辆的驾驶人员是地铁运营队伍里的一个重要岗位。要成为一名合格的工程车司机,不仅需要树立"安全第一"的行车意识,还要掌握车辆知识、专业驾驶技能,并以规章制度为准绳,安全完成各项生产任务。

1. 工程车司机有关岗位

(1) 乘务员:是指工程车司机、车长/调车员、学员。

(2) 工程车司机:是指持有运营公司颁发的《工程车司机驾驶证》、具备独立操纵、驾驶和维修各类型工程机车资格和具备调车员/车长作业技能的驾驶人。

(3) 车长:持有运营公司颁发的《工程车司机驾驶证》的司机担任(特殊情况下包括经专业培训合格的调度员、派班员、客车司机等),负责工程车在正线运行的现场指挥,与施工负责人沟通、落实作业要求及安全措施,并在推进运行时在前端负责引导工作。

(4) 调车员:持有运营公司颁发的《工程车司机驾驶证》的

司机担任（特殊情况下包括经专业培训合格的调度员、派班员、电客车司机等），是车厂内调车作业的现场指挥者，协调、组织参与调车作业人员及时完成调车作业，并监控调车作业按计划实施。

2. 工程车司机驾驶证

（1）有铁路或其他城市轨道交通单位内燃机车驾驶 2 年以上工作经验，并持有机车驾驶证的员工或学员，已完成工程车司机岗位知识和技能不少于 3 个月培训。

（2）其他员工或学员，已完成工程车司机岗位知识和技能不少于 6 个月的培训。

3. 工程司机岗位晋升路线

工程车司机岗位晋升路线如图 1.1-1 所示。

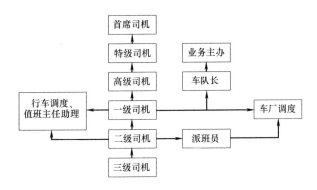

图 1.1-1　国内某地铁公司工程车司机岗位晋升路线

1.1.2　工程车司机相关岗位职责与作业范围

1. 工程车司机职责

（1）根据车厂调度的工作安排，负责正线或车厂内各项作业工程车的驾驶操纵，安全、正点地完成作业任务。

（2）作业过程中，认真执行"两纪一化"及各项相关规章制度，做好开车前的各种安全检查及试验，杜绝违章作业、违规操作。

（3）做好岗位中的互控、自控、他控工作，在保证自己不违章违纪的基础上，还要勇于纠正他人的违章行为，以保证作业安全。

（4）严格服从调度命令，按车长/调车员显示的手信号（调车电台控制信号）及地面信号显示的各种行车信号动车（没有信号不准动车、信号不清立即停车），严禁臆测行车。

（5）工作中注意人身安全和行车安全。

（6）当发生列车故障或事故时，果断、迅速、有效地进行处理。

（7）做好机车日常保养，爱护行车设备，精心操纵机车，杜绝野蛮驾驶。

（8）担任预备司机时，要保持通讯畅通，接到派班员或队长的通知后要按规定时间赶到指定地点。

2. 调车员/车长职责

（1）认真执行各项规章制度，服从调度指挥，负责车厂内调车作业/正线运行的现场指挥工作，正确、及时、安全地指挥机车车辆运行，确保调车作业、工程列车运行安全，负责与调度、车站、施工负责人的协调与沟通。

（2）做好互控、自控、他控工作，负责作业中的行车安全及作业区域内动车前他人的人身安全。

（3）组织本班司机准时、准确地完成调车任务。

（4）负责设置、撤除停留车辆的防溜、防护工作。

（5）及时向车厂调度员汇报作业情况，做好相关的记录。

（6）熟悉车厂/正线线路、信号、道岔的状况，明确各股道用途及速度规定。

（7）不间断监视工程车的运行及货物的装载状态，并负责列车防护、检查、线路出清等工作。

（8）列车在区间被迫停车后，应迅速判明原因，及时与车站、行调联系，果断妥善地进行处理。

（9）运行时加强与各岗位联系，发现危及行车安全时及时命令司机停车，确保行车的安全。

3. 添乘司机职责

添乘司机分为添乘本单位工程车及添乘外单位工程车两种情况。

(1) 添乘本单位工程车人员职责（注：指本公司范围内所负责使用的工程车）

1) 添乘人员需在工程列车出厂前 1h 出勤，核实当日施工计划，落实相关安全防护措施，做好安全预想并带齐行车备品。

2) 检查司机、调车员/车长对调度命令、动车前五要素的确认及随车人员的安全到位情况。

3) 检查列车的状态，运行中随时注意机车车辆及装载货物的动态。

4) 协助司机进行瞭望，认真确认信号、进路、道岔，发生异常情况立即采取停车措施，确保行车安全。

5) 监控司机严格执行规章制度及"两纪一化"，按规定操纵列车，严禁超速。

6) 机车发生故障时会同司机进行处理，并做好汇报及协调工作。

7) 负责列车运行安全、技术援助、及时向车队和分中心汇报情况。

8) 监督并制止影响司机驾驶的行为，发现施工人员违章作业时应立即制止并汇报。

9) 工程列车因故需救援时，协助工程列车司机做好相关防护。

(2) 添乘外单位轨道车辆的职责（注：非本公司范围内所负责使用的工程车）

1) 添乘人员需在工程列车出厂前 1h 出勤，核实当日施工计划，落实相关安全防护措施，做好安全预想并带齐行车备品。

2) 监督外单位工程车司机正确执行调度命令，执行行车组织、施工管理相关规章制度，发现违反规章制度、调度命令情况时，及时制止并报告。

3）工程列车出厂前，添乘人员与行调进行无线电台通话测试。

4）出厂前确认货物的装载加固状况，发现装载或加固不良时有权要求重新装载或加固，否则拒绝添乘，后果由施工单位负责。

5）工程车运行时添乘人员应向外单位工程车司机讲解运行注意事项，在驾驶室监督司机的操作，发现超速时立即提醒司机减速。

6）遇危及行车或人身安全时，立即采取紧急停车措施。

7）施工完毕，施工负责人做好线路出清的工作后方可通知司机动车。

8）工程列车因故需救援时，添乘人员及时报告行调，并监督工程列车司机做好相关防护。

（3）带道司机职责

1）总休负责在本线路与调度、车站、信号楼的协调与沟通，负责向司机传达本线路运作注意事项，传达调度命令。

2）在工程列车出厂提前1h出勤，掌握施工计划，落实相关安全防护措施，做好运行安全预想。

3）监督司机正确执行调度命令，执行行车组织、施工管理相关规章制度，发现违反规章制度、调度命令情况时，及时制止并报告。

（4）出厂前确认货物的装载加固状况，发现装载或加固不良时必须要求重新装载或加固，否则制止其动车并报告调度。

（5）在驾驶室监控司机的操作，提醒司机按规定速度运行。

（6）遇危及行车或人身安全，立即采取紧急停车措施。

（7）工程列车出现异常情况时，负责报告行调，并监控司机做好相关防护。

（8）负责会同外单位司机对机车、车辆进行安全技术检查，包括：外部、装载、走行部、车钩和列车软管的连接、制动试验等安全事项，确认符合运用条件，并督促做好整改工作。

(9) 配合外单位司机在作业时，在相关记录表上作好记录后，交车厂调度员保存。

4. 工程车司机作业范围

(1) 车辆段工程车、电客车转线、平板车转线、编组等。

(2) 车辆段电客车自身动力转线、试车线调试。

(3) 正线施工、运输配合开行工程列车作业。

(4) 试车进路的办理、微机联锁设备故障时人工进路的办理。

(5) 协助车厂与车站间非正常情况下办理接发车作业。

(6) 工程车的整备、检查、报活、验收、保养等作业。

(7) 相关行车备品日常保养和管理。

(8) 车厂及正线开行救援列车（以工程车为动力）。

1.1.3 工程车司机出、退勤制度

1. 出勤规定

(1) 班前充分休息，保证班中精力充沛，出勤前 10h 严禁饮酒和服用影响精神状态的药物。

(2) 按规定着装，按时参加点名，认真听取车厂调度的工作布置和安全注意事项，将与当天有关的作业内容和安全注意事项，抄录在《司机日志》。

(3) 认真抄/阅相关施工作业、调度命令、行车指示及安全注意事项，认真做好出乘安全预想，重要内容记录在《司机日志》上。

(4) 听取车厂派班员传达的指示及行车注意事项，并将《司机日志》交由派班员确认盖章，领取《司机报单》。

(5) 与交班司机对口交接，清楚交班司机交代的各种事项，了解各机车质量技术状况及燃油存量，确认工具备品及消防器材的数量、状态。

2. 退勤规定

(1) 退勤前，交班司机归还行车用品，做好书面记录。

(2) 交班司机填写好《司机日志》、《司机报单》交派班室审

阅，派班员盖章确认。

（3）向派班员汇报当班中的情况

（4）特殊情况（如在正线作业不能回派班室的退勤等），司机交接完毕后，交班司机方可向车厂派班员办理电话退勤。

3. 交接班规定

（1）待接班机班出勤后，交班机班与接班机班必须对口交接。

（2）交接内容包括：各机车质量技术状况、燃料存量、机车钥匙数量、工具备品的状况及相关重要事项，核对机车停留位置、铁鞋设置情况等，在交接班记录表确认并签名。

1.1.4 整备作业制度

1. 整备作业的分工及要求

（1）原则上工程车司机班一般为四班两运转，每机班设司机、车长/调车员各一名。整备一台机车时间为45min，司机负责检查车体上部，车长/调车员检查车下部、车底部，两人密切配合，发现问题及时进行处理，如无法处理立即报告设备调度员，联系维修人员处理，并填写《工程车临时修理报告单》。

（2）检查机车时着装及工具要求

1）荧光服。

2）安全帽。

3）尖头检验锤。

4）手电筒。

5）棉纱。

6）可选劳保用品：手套、防尘口罩、护趾鞋。

7）当待乘室无当值司机时，必须随身携带行调电台。

2. 机车检查

（1）乘务员应对所使用的车型结构、各部件的名称、正常安装位置及状态非常熟悉，掌握该车型的运用特点以及容易出现的故障的部件及关键部位，充分利用检查时间（45min）；

(2) 根据声音、颜色、形态、温度、气味等线索，准确及时地判断故障处所和故障程度，并采取适当的措施。

(3) 检查要做到"五禁止"：

1) 禁止反方向锤击螺母和螺栓；

2) 禁止锤击带有压力的管子、细小管接头及 M14（对边距离 14mm）以下的螺母及螺栓；

3) 禁止用检查锤触、拔电器部件；

4) 禁止锤击光洁摩擦部件；

5) 禁止手触带电和运动部件。

(4) 检查方法

检查机车时，应做到步伐、锤、灯顺序动作协调一致，由上而下，由里往外，由左至右，以锤检、手检、目视、耳听、鼻嗅、测量、测试等方法进行。机车检查方法如表 1.1-1。

机车检查方法　　　　表 1.1-1

序号	方法	分类	注意事项	备注
1	锤检法	锤击	根据锤击部件时发出的响声及手握锤柄的振动感觉来判断是否紧固或断裂	螺母、螺栓有画线时不敲
		锤触	适用于较细的管路、卡子、M14 以下的螺母、螺栓、螺钉，检查是否松动或断裂	
		锤钩	用以检查车钩钩舌的锁钩状态和开锁状	
		锤划	用以检查难以看清的轮缘踏面	
		锤量	用以检查车钩中心高度之差	
2	手检法	手动	适用于较细的螺钉、管接头、各种阀门及各仪表、开关电器等	
		手触	适用于检查有关部件的温度、管路的振动、高压油管的脉冲等	能持续 3s 为 70℃上下
3	目视法		检查装置是否变形、裂纹、丢失、脱落、歪斜、折损、擦伤、泄漏、磨耗、缺油、变色及对油、水、砂、工具、备品、消防器材进行检查	
4	耳听		凭听觉（借助锤柄、听棒）判断机件运转不正常现象和故障	

（5）检车正确姿势（图1.1-2～图1.1-5）

图1.1-2　检查圆簧

图1.1-3　检查车钩

图1.1-4　平板车试风

图1.1-5　检查机车走行部

（6）各类工程车整备作业流程：

工程车辆整备主要分为静态检查和动态检查两部分。静态检查分为：车体外观检查、走行部检查、机械间各部件检查、司机室检查、车底部检查等。动态检查分为：制动机试验、柴油机转速试验、电气动作试验等。各主要工程车检查流程如下。

1）GCY-450型轨道车检查流程图（图1.1-6、图1.1-7）

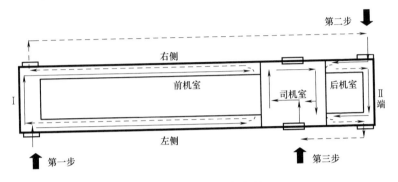

图1.1-6 司机整备流程

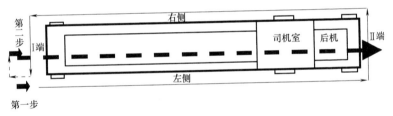

图1.1-7 调车员整备流程

说明：

第一步：对走行部的检查；

第二步：对车底部的检查；

第三步：对机器间的检查；

第四步：对司机驾驶室的检查。

2）GJ-2型轨道检测车检查步骤（图1.1-8、图1.1-9）

说明：

第一步：对轨道检测车的走行部检查；

第二步：对轨道检测车的车底部检查；

第三步：对轨道检测车的各室检查；

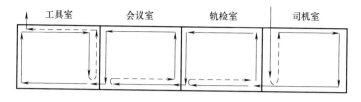

图 1.1-8　司机整备流程

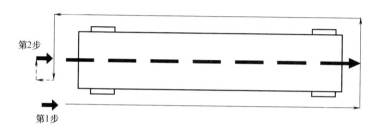

图 1.1-9　调车员整备流程

第四步：对轨道检测车的动态试验及制动试验。

3）JW-4 型接触网作业车检查步骤（图 1.1-10、图 1.1-11）

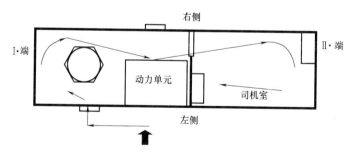

图 1.1-10　司机整备流程

说明：

第一步：对 JW-4 型机车的走行步检查；

第二步：对 JW-4 型机车的车底部检查；

第三步：对 JW-4 型机车的动力单元和司机室检查，并启机

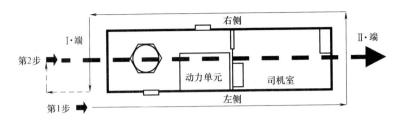

图 1.1-11 调车员整备流程

进行各种动态试验和制动试验。

4）JC-2 型接触网检测车检查步骤（图 1.1-12、图 1.1-13）

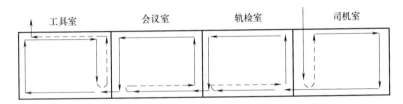

图 1.1-12 司机整备流程

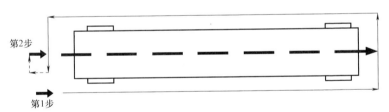

图 1.1-13 调车员整备流程

说明：

第一步：对接触网检测车的走行部检查；

第二步：对接触网检测车的车底部检查；

第三步：对接触网检测车的各室检查；

第四步：对接触网检测车的动态试验及制动试验。

5）磨轨车检查步骤

① 编组的钢轨打磨车检查流程图（图 1.1-14）

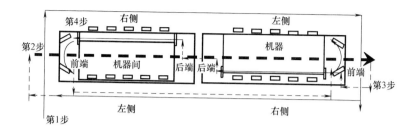

图 1.1-14　编组的钢轨打磨车检查流程图

说明：

第一步：对磨轨车的走行部检查；

第二步：对磨轨车的车底部检查；

第三步：对磨轨车的机器间；

第四步：对磨轨车的司机室，并启机进行各种动态试验及制动试验。

② 单台钢轨打磨车检查流程图（图1.1-15）

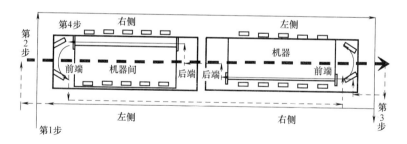

图 1.1-15　单台钢轨打磨车检查流程图

说明：

第一步：对磨轨车的走行部检查；

第二步：对磨轨车的车底部检查；

第三步：对磨轨车的两个司机室检查；

第四步：对磨轨车的机器间检查，并启机进行各种动态试验及制动试验。

1.2 工程车司机呼唤应答及标准用语

呼唤应答是工程车司机标准化作业中非常重要的程序之一，工程车司机作业时务必严格实行呼唤应答并使用标准用语。现以某地铁工程车司机呼唤应答为例，说明如下。

1.2.1 呼唤应答程序

1. 车厂调车作业呼唤应答程序（表1.2-1）

调车作业呼唤应答程序　　　　表 1.2-1

序号	呼叫时机	调车员	司机	备注
1	调车信号白灯时	调车信号	白灯	调车进路中的道岔信号要由近及远逐个确认、呼唤
2	调车信号红灯时	调车信号红灯	停车	
3	调车信号蓝灯时	调车信号蓝灯	停车	
4	机车动车前	出库准备	准备好	司机与信号楼联系后鸣笛动
5	接近地沟时	注意地沟	控制速度	速度不大于5km/h
6	接近限制速度时	注意超速限速多少公里	注意超速限速多少公里	立即降至规定速度
7	接近鸣笛标时	鸣笛标	注意鸣笛	鸣笛
8	接近施工作业标时	施工标	注意鸣笛	鸣笛
9	接近限速标时	限速多少公里	控制速度	调车员监视有无超速
10	接近尽头线时：距车挡10m	尽头线注意：10m	控制速度准备停车	速度不大于3km/h；机车制动，停车后距土挡不少于10m安全距离
11	接近车库大门一度停车标	一度停车	一度停车	停车后，调车员检查确认库门开启状态
12	接近平交道	一度停车	一度停车	确认无侵限，安全后方可动车

续表

序号	呼叫时机	调车员	司机	备注
	距存车3车时	三车	控制速度	8km/h
	距存车2车时	二车	注意距离	5km/h
13	距存车1车时	一车	准备停车	制动控制3km/h以下，距停车不少于1m停车后，由车长检查车辆防溜措施及车勾状态良好后方可连挂
14	通过道岔前	道岔	好了	推进运行时由调车员呼:道岔好了

2. 出入车厂呼唤应答程序（表1.2-2）

工程车出入库与车厂呼唤应答程序　　　　表1.2-2

序号	呼唤时机	车长呼唤	司机应答	备注
1	出库	库门锁闭良好启动	启动好	
2	确认出厂信号分段调车信号	某道出厂信号黄灯	某道黄灯好	
3	接近库门、平交道口前，进入转换轨一度停车标前，出、入厂段信号机前1车距离	一度停车	一度停车	
4	列车入车厂进入转换轨停稳后，进入车库内确认调车信号:白灯开放好;关闭状态	入厂信号黄灯	黄灯好	
		进厂信号红灯	停车	
		（人工）引导信号	（人工）引导信号好	

3. 正线运行呼唤应答程序（表1.2-3）

正线运行呼唤应答程序　　　　表1.2-3

序号	呼唤时机	车长呼唤	司机应答(呼唤)	备注
1	进路防护信号机处于关闭状态时	进路信号红灯	红灯停车	

续表

序号	呼唤时机	车长呼唤	司机应答(呼唤)	备注
2	进路防护信号机显示绿灯或黄灯时	进路信号	绿(黄)灯好	
3	进路防护信号机显示引导信号	引导信号好	引导信号好	必须在规定时间内通过,如时间不足或者信号已关闭可联系行调开放信号后再动车
4	显示人工引导信号	人工引导信号	人工引导好	
5	发车人员已向司机显示发车信号时	发车信号	发车信号好	工程车乘务员使用
6	显示临时停车信号时	红灯(红旗)停车	停车	运行中遇有危及列车及人身安全情况,发现者应立即呼叫:"停车,停车!"
7	工程车通过车站之间	某某站到	某某站到	
8	遇需在车站停车待令时	某某站停车待令	某某站准备停车	

1.2.2 联控用语

1. 调车员/车长与司机的联控用语(表1.2-4)

调车作业标准用语　　　　表1.2-4

项目	作业含义	标准语音	说明	项目	作业含义	标准语音	说明
1	呼叫调车作业人员	某某有没有		6	三车信号	三车	注意距离鸣笛回示
2	调车作业人员回答	某某有		7	二车信号	二车	控制速度鸣笛回示
3	确认调车进路开通	某某道开通	司机鸣笛回示	8	一车信号	一车	准备停车鸣笛回示
4	向有车线挂车推进	某某道开通连挂	司机鸣笛回示	9	停车信号	停车	司机鸣笛回示
5	向空闲推进	某某开通推进	司机鸣笛回示	10	牵出前无须提勾	牵出	司机鸣笛回示

续表

项目	作业含义	标准语音	说明	项目	作业含义	标准语音	说明
11	列车整列启动	启动好	司机鸣笛回示	18	连挂妥当连接风管	风管连接好	然后按规定给信号
12	牵出前须提勾	提勾好	司机鸣笛回示	19	线路检查准备完毕	某某道可以挂车	然后按规定给信号
13	要求试拉	试拉启动	然后按规定给信号	20	送车对位好	对位好	
14	试拉成功	试拉好停车	司机鸣笛回示	21	一度停车后挂车	某某米连接	给连接信号
15	要求减速	减速	司机鸣笛回示	22	向信号值班员请求原路折返作业	信号楼某某道折返作业	由调车员负责请求
16	要求鸣笛	鸣笛	司机鸣笛回示	23	距土挡（车挡）不足10m的车组	离土挡（车挡）多少米	司机鸣笛回示
17	转线报距离	再走某某车（米）	然后按规定给信号	24	距离土挡（车挡）10m前	一度停车	司机鸣笛回示

2. 正线运行标准用语（表1.2-5）

正线运行标准用语　　　　表1.2-5

序号	呼叫时机	司机(车长)	车站	备注
1	列车在防护信号机前停车	某某站某某次站外停车	某某站引导信号开放好	车站开放引导信号后应答：司机确认引导信号开放好应立即动车
2	司机需要呼叫车站	某某站某某次司机呼叫	某某次司机某某站明白，请讲	司机听到车站应答后，说明内容
3	司机听到呼叫本次列车	某某站(某某)某某次司机有，请讲	某某次司机某某站(某某)呼叫	车站或行调听到司机应答后，说明内容

2 行车基础知识概述

2.1 轨道线路与车辆段

2.1.1 轨道线路

1. 地铁线路

城市轨道交通中的地铁线路一般修建在城市的地下,以地下线路为主,部分线路根据地理条件和结合实际需要建为高架线路和地面线路。是解决人口密集城市地面交通拥挤、市民出行困难问题的一种交通方式。

地铁线路与国铁线路相同,是由路基、桥隧建筑物和轨道组成的一个整体的工程结构,是机车车辆和列车运行的基础。

地铁线路分为车厂线、正线、辅助线。车厂线是机车车辆停放与进行机车车辆检修等作业的线路;正线是运营载客线路;辅助线是为保证正线运营而配置的线路,如折返线、存车线、渡线、联络线、出入厂线等。正线列车运行方向按右侧行车,线路设计为双线单方向运行,分为上行线及下行线,两条线列车运行方向相反,但互不影响。列车可以通过折返线、渡线从上行线到下行线,或从下行线到上行线;也可以通过联络线从一条运营的线路到另一条运营的线路,如从1号线到2号线,从5号线到4号线。上下行线在连锁及车载信号等系统上设计有反方向运行的功能,根据运营组织的需要,可以组织列车反方向运行。

2. 地铁限界

为了确保机车车辆在铁路线路上运行的安全,防止机车车辆撞击邻近线路的建筑物和设备,而对机车车辆和接近线路的建筑物、设备所规定的不应超越的轮廓尺寸线,称为限界。

地铁限界分为建筑限界、设备限界和机车车辆限界。

建筑限界是一个和线路中心线垂直的横断面,规定保证机车车辆安全通行所必需的横断面的最小尺寸。凡靠近地铁线路的建筑物都不得侵入建筑限界之内。

设备限界是一个和线路中心线垂直的横断面,规定保证机车车辆安全通行所必需的横断面的最小尺寸。凡靠近地铁线路的设备设施(与机车车辆有相互作用的设备除外,如接触网、接触轨)都不得侵入设备限界之内。

机车车辆限界是机车车辆横断面的最大极限,规定机车车辆不同部位的宽度、高度的最大尺寸和底部零件至轨面的最小距离。当机车车辆运行时,包括平板车装载的货物,都不能因产生摇摆、偏移等而与隧道及线路上其他设备相碰撞、接触,从而保证行车安全。

线路限界主要由机车车辆轮廓线尺寸值决定,线路建筑物、设备设施的建筑、安装须以保证机车车辆安全通过为前提,图2.1-1所示为区间直线地段圆形隧道设备及车辆限界。一切建筑物,在任何情况下,不得侵入地铁建筑限界;一切设备,在任何情况下,不得侵入地铁设备限界;机车、车辆无论空载、重载状态,均不得超出机车车辆限界。

3. 地铁轨道

轨道是列车运行的基础。它包括道床、轨枕、钢轨、连接零件、防爬设备和道岔等。地铁轨道一般分为整体道床轨道和碎石道床轨道两种,以水泥混合物的整体道床为主。道床上铺设轨枕,在轨枕上架设钢轨。相邻两节钢轨和端部以及钢轨和轨枕之间,用连接零件互相扣连。在线路和线路的连接处铺设道岔。在钢轨和轨枕上,安设必要的防爬设备。轨道基本组成如图2.1-2。

(1) 道床

道床就是铺设在路基面上的道砟层。它承受从轨枕传来的压力,并把它传给路基。同时,它还有缓和车轮对钢轨的冲击,排

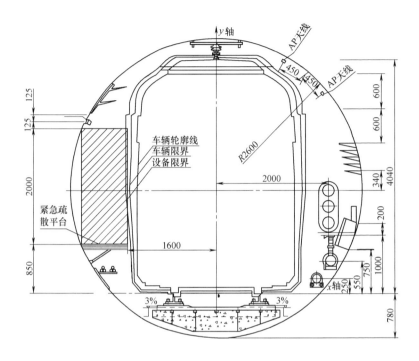

图 2.1-1 区间直线地段圆形隧道设备及车辆限界

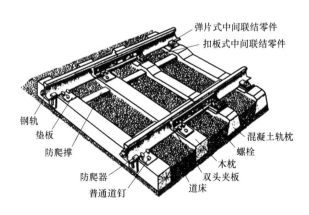

图 2.1-2 轨道基本组成

除轨道中的雨水，阻止轨枕滑移，校正线路平面和纵断面等作用。因此，道砟材料应当坚硬、稳定、有弹性，并有利于排水。

地铁隧道普遍采用整体式道床，无须补充碎石或更换轨枕，而且整体性强、稳定性好、轨道几何尺寸易于保持，可以减少养护维修工作量，不足的是工程造价高、施工难度大，一旦形成无法纠偏，出现病害难以整治，且道床弹性差，并且列车运行会带来一定的噪声与振动。高架线路可采用新型轨下基础，地面线路宜采用碎石道砟以降低投资。

地铁线路道床纵向排水坡度可与线路坡度一致，一般不设置为平坡，道床面有不小于3‰的横向排水坡。

（2）钢轨

1）钢轨的概述

钢轨是直接承受车轮压力并引导车轮运行方向的。它具有足够的刚硬性和柔韧性。刚硬性是为了承受车轮的强大压力，同时防止过快的磨耗；柔韧性是为了减轻车轮对钢轨的冲击作用。因此，制造钢轨所用的钢材，一般都含有适量的碳、锰、硅等元素。钢轨的功用是支撑和引导机车车辆的车轮运行，并把车轮传来的压力传给轨枕，以及为车轮滚动提供阻力最小的表面，钢轨还有为供电、信号电路提供回路的作用。

钢轨的类型或强度以每米长度的质量（千克数）表示，如70kg/m、60kg/m、50kg/m等。地铁正线一般采用60kg/m以上的钢轨，车厂则采用50kg/m以上的钢轨（车厂试车线为60kg/m以上）。

钢轨的长度一般来说是越长越好，这样可以减少接头的数量、节省接头零件和线路的维修费用，但是一根钢轨的轧制长度总是有限的，它受加工条件和运输条件等的限制。目前我国钢轨的标准长度有12.4m和25m两种，此外还有若干种专供曲线地段铺设内轨用的标准缩短轨。钢轨接头采用对接，在曲线内轨采用现行标准的缩短轨，当采用缩短轨接头对接有困难时可采用错接，但其错开距离不应小于3m。

2）轨道上两股钢轨的相互位置

① 直线部分的轨距

轨距是两股钢轨轨头顶面向下 16mm 范围内两钢轨作用边之间的最小距离，我国铁路规范规定直线地段的轨距为 1435mm。

在机车车辆运行的长期作用下，轨距会有一定的误差为 1435mm（轨距误差不得超过 +6mm、-2mm），即直线部分轨距的最大值为 1441mm，最小值为 1433mm。

② 直线部分的水平

直线地段两股钢轨的顶面原则上应保持在同一水平。如有误差，在正线和列车到发线上，在规定的距离范围内两股钢轨的轨顶面高差不得超过 4mm。

③ 曲线部分的轨距的曲线加宽

机车车辆的走行部（转向架）在曲线上运行时，转向架的纵向中心线与曲线轨道中心线不能一致，因而引起两外侧车轮的轮缘和两内侧车轮的轮缘内挤压钢轨，增加走行阻力。为保证机车车辆的走行部能顺利通过曲线，因此，要对小半径曲线的轨距适当加宽。

曲线线路轨距加宽限度：300m≤半径＜350m，加宽 5mm；半径＜300m，加宽 15mm；650m≥半径≥451m，加宽 5mm；450m≥半径≥351m，加宽 10mm；半径≤350m，加宽 15mm。

④ 曲线部分的轨距的外轨超高

机车车辆在曲线上运行时，由于离心力的作用使曲线外轨承受了较大的压力，因而造成两股钢轨磨耗不匀，并使乘客压到不舒适，严重时还会导致翻车。因此通常要将曲线上的外轨适当抬高，使机车车辆向内倾斜，从而平衡离心力。外轨比内轨高出的部分叫做超高。曲线地段外轨最大超高，双线地段不得超过 150mm，单线地段不得超过 125mm。

为了让机车车辆顺利通过曲线，避免由于列车通过曲线时的附加阻力带来的影响，在通过小半径曲线地段需要适当限速运行,减少车轮与钢轨的侧面磨耗。

(3) 轨枕

轨枕是钢轨的支座。它承受从钢轨传来的压力,并把它传给道床;同时,轨枕还起着保持钢轨位置和轨距的作用。按照制造材料的不同,轨枕有钢筋混凝土枕和木枕。木枕在地铁因使用寿命短等原因而不采用,这里就不再介绍。钢筋混凝土轨枕使用寿命长、稳定性好、养护工作量小,加上材料来源较广,所以得到广泛采用。铁路普通轨枕的一般长度是2.4m,道岔用的岔枕和钢桥上用的桥枕,其长度有2.6~4.85m等多种(图2.1-3)。

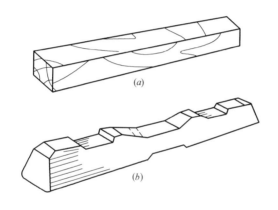

图 2.1-3 轨枕

(a) 木枕;(b) 钢筋混凝土枕

4. 联结零件

钢轨连接零件包括接头连接零件和中间连接零件两类。两节钢轨的末端用接头连接零件连接。先用两块鱼尾板夹住钢轨,然后用螺栓拧紧。连接时,两节钢轨之间应当预留适当的缝隙,称为轨缝。这样,当温度发生变化时,钢轨就可以自由地伸缩。钢轨接头的轨缝应根据钢轨温度计算确定。装有绝缘的接头,轨缝在钢轨温度最高时,不应少于6mm。最大轨缝不得大于构造轨缝。钢轨用中间连接零件式扣件扣紧在轨枕上,中间连接零件分为钢筋混凝土轨枕用的和木枕用的两种。常用的中间连接零件有3种：扣板式、拱形弹簧片式和ω形弹条式扣件。地铁所采用的中间连接零件主要为ω形弹条式扣件（图2.1-4）。

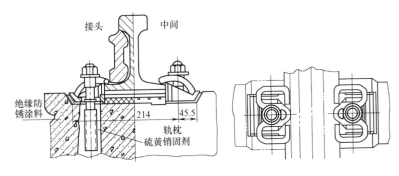

图2.1-4　ω形弹条式扣件

5. 道岔

道岔是实现机车车辆由一条线路转往另一条线路的连接设备，是轨道的重要组成部分。道岔的类型主要有单开道岔，如图2.1-5；双开道岔如图2.1-6；三开道岔如图2.1-7；复式交分道岔如图2.1-8等，以下主要介绍单开道岔。单开道岔由转辙器、辙叉及护轨、连接部分组成。

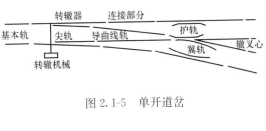

图2.1-5　单开道岔

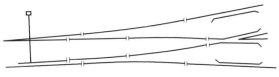

图2.1-6　双开道岔

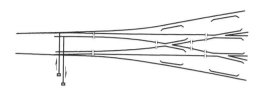

图 2.1-7　三开道岔

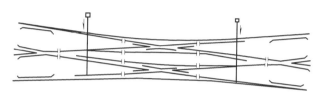

图 2.1-8　复式交分道岔

（1）单开道岔

单开道岔以其钢轨每米质量及道岔号数区分类型。目前我国的钢轨有 75kg/m、60kg/m、50kg/m、45kg/m 和 43kg/m 等类型。

道岔因其辙叉角的大小不同，有不同的道岔号（N），道岔号数表明了道岔各部分的主要尺寸。对于道岔号我们习惯用辙叉角（α）的余切值，如图 2.1-9 所示。

图 2.1-9　道岔号数计算示意图

也就是辙叉心部分直角三角形两条直角边 FE 和 AE 的比值，即 $N = \cot\alpha = FE/AE$，N 就是道岔号。显而易见，辙叉角 α 越小，N 值就越大，导曲线半径也越大，列车侧线通过道岔时就越平稳，允许过岔速度也就越高。所以采用大号道岔对于列车运行是有利的。不过，事物总有它的两面性，道岔号数越大，道岔越长，造价自然就高，占地也要多得多。因此，采用什么号数的道岔要因地制宜,因线而异,不可一概而论(图2.1-9)。

标准道岔号数(用辙叉号数来表示)有6号、7号、9号、12号、18号、24号等,除6号、7号仅用于厂矿企业内部铁路或驼峰下,其他各号则适用于铁路正线和站线,9号和12号最为常用。在侧线通过高速列车的地段,则需铺设18号、24号等大号码道岔。目前,地铁线路正线主要使用9号、12号道岔,车厂线路使用5号、7号、9号道岔。道岔侧向构造速度如表2.1-1。

道岔侧向构造速度　　　　　　　　表2.1-1

道岔类型	7号道岔	9号道岔
钢轨类型	50kg/m	60kg/m
侧向通过最高速度	25km/h	35km/h

1)转辙器:单开道岔的转辙器,是引导机车车辆沿主线方向或侧线方向行驶的线路设备,由两根基本轨、两根尖轨、各类联结零件和道岔转换设备组成。

2)基本轨:通常,道岔中不设轨底坡,为改善钢轨的受力条件,提速道岔中基本轨设有1:40的轨底坡。基本轨除承受车轮的垂直压力外,还与尖轨共同承受车轮的横向水平力。为防止基本的横向移动,可在外侧设置轨撑。

3)尖轨:

① 尖轨是转辙器中的重要部件,依靠尖轨的扳动,将机车车辆引入正线或侧线方向。

② 尖轨在平面上可分为直线型和曲线型。7号和9号道岔是直线。

4)辙叉及护轨:

① 辙叉是使车轮由一股钢轨越过另一股钢轨的设备。

② 辙叉由叉心、翼轨和联结零件组成。

③ 按平面形式分,辙叉有直线辙叉和曲线辙叉两类;按结

构型分,有固定辙叉和活动辙叉两类。单开道岔上,以直线式固定辙叉最为常见。

5) 连接部分

① 连接部是转辙器和辙叉之间的连接线。

② 连接部分包括直股连接线和曲股连接线(亦称为导曲线),直股连接线与区间线路构造基本相同。导曲线的平面形式可以是圆曲线、缓和曲线或变曲率曲线。

(2) 道岔的分向

对向道岔:列车运行方向先到尖轨,再到辙叉。

顺向道岔:列车运行方向先到辙叉,再到尖轨。

(3) 道岔开通左右位的判别

1) 面对尖轨,尖轨和左基本轨密贴的道岔开通右位。

2) 面对尖轨,尖轨和右基本轨密贴的道岔开通左位。

(4) 线路道岔的编号原则

1) 从上行始发站开始算,第一个站的道岔代码为 P01xx,以此类推。

2) 道岔布置在上行方向到达车站一端,其编号按偶数连续编号,道岔布置在下行方向到达车站一端,其编号按奇数连续编号。

3) 道岔编号从以车站为中心由外往内依次进行编号。

4) 遇道岔设置在上下行线同一水平位置时,按主要运行方向或线路编号为先,且渡线道岔、交叉道岔、交分道岔等道岔号码应编以连续的奇数或偶数。

2.1.2 地铁车辆段

1. 地铁车辆段概述

地铁车辆段是地铁系统的重要组成部分,它包括车辆段、综合维修中心、物资总库、培训中心和必要的生活设施等。地铁车辆段根据功能分为检修车辆段(简称车辆段)和运用停车场(简称停车场)。地铁车辆段设计是包括站场、线路、路基、桥梁、轨道、工艺、房建、给排水、牵引供电、环保等多专业的系统工程。地铁车辆段主要承担以下业务：

（1）列车在段内调车、停放、日常检查、一般故障检测和清扫洗刷。

（2）车辆的技术检查、月修、定修、架修和临修试车等作业。

（3）列车回段折返乘务司机换班。

（4）车内设备和机具的维修及调车机车的日常维修工作。

（5）紧急救援抢修队和设备。

2. 地铁车辆段的设计原则

（1）地铁车辆段的设计，应初、近、远期结合，统一规划，分期实施。其中站场股道、房屋建筑和机电设备等应按近期需要设计，用地范围应按远期发展规模控制。

（2）地铁车辆段的选址、接轨形式及段型应考虑相互联系、相互影响和相互制约的关系。

（3）地铁车辆段的总平面布置按有利于生产、方便管理的原则进行统筹安排，并充分考虑远期发展条件。

（4）车辆运用和检修作业工艺应布置顺畅，避免干扰和迂回走行。应以车辆段为主体；

（5）根据段址地形、地质、气象及水文条件，充分考虑城市规划、接轨条件、消防、绿化、环保、物业开发等方面的要求进行布置，并宜与地面铁路接通。场地内应有运输道路及消防道路，并应有两个及以上与城市道路相连通的出口。地铁车辆段应设通透的围蔽设施。

3. 地铁车辆段的主要类型

（1）车辆段与正线接轨形式

车辆段出入线应按双线双向运行设计，并避免切割正线，有条件时可结合段型布置，实现列车掉头转向作业。车辆段、停车场出入线与正线的接轨形式，可分为单站双线接轨、两站（或一站一区间）贯通式接轨和两站（或一站一区间）八字接轨3种形式。

1）单站双线接轨：出、入段线在一个站的同一端接轨，分别连通两正线，若接轨站为马式站，则入段线可同时连通左、右两正线。出（入）段线与正线立交。其优点是工程量较小，缺点是运营作业不够灵活方便。

2）两站（或一站一区间）贯通式接轨：出、入段线分别在两个站（或一站一区间）接轨，同时连通左、右两正线。有时为节省工程量，辅助出、入段线在正线一侧接轨，通过过渡线连通另一正线。车辆段顺向布置在两接轨站之间正线外侧。其优点是运营作业灵活方便，缺点是工程量较大。

3）两站（或一站一区间）八字接轨：出、入段线分别在两个站（或一站一区间）接轨，接轨站一般设计为岛式站，出（入）段线同时连通左、右两正线。出入段线呈八字形式并行入段，车辆段与正线近似于垂直布置。其优点是作业灵活方便，出、入段线可实现列车转向作业，缺点是工程量较大。

（2）车辆段段型

根据车辆段出、入段线与正线的接轨形式，按照车辆段运用库的库型，可分为贯通式车辆段和尽端式车辆段两种。

1）贯通式车辆段：车辆段运用库线采用贯通式布置。运用库线一般设计为贯通式2或3列位。两端咽喉通过走行线相连通。其优点是运用和检修作业顺畅方便；调车作业与出、入段作业可平行进行；车辆走行距离较短，缺点是占地较多；工程量较大。

2）尽端式车辆段：车辆段运用库线采用尽端式布置。运用与检修部分宜横列布置，有时由于规划用地的限制，运用与检修部分只能纵列式反向布置，运用与检修之间需之字形折返调车，车辆走行距离较长。其优点是充分利用规划用地，占地较少，工程量较小。缺点是运用和检修作业不方便；调车作业与出、入段作业有干扰；运用与检修部分纵列式反向布置时，车辆走行距离较长。

由于贯通式车辆段运用和检修作业顺畅方便，若条件许可，车辆段应尽量设计为贯通式。

2.2 信号显示

2.2.1 标志牌

1. 信号标志牌

（1）停车标，设于各车站站台端部对开的隧道壁位置和存车线、折返线、信号机前。如图 2.2-1。

（2）对位停车标，用于牵引救援时救援列车对的标，救援列车对好该标后，表示故障列车在存车线内停够位了。如图 2.2-2。

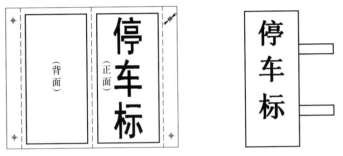

图 2.2-1　停车标　　　　图 2.2-2　对位停车标

（3）在接近车站 300m、200m 分别设置接近车站预告标如图 2.2-3 和图 2.2-4；100m 位置设置站名标。如图 2.2-5。

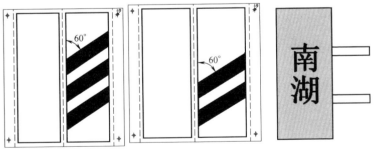

图 2.2-3　300m 预告标　图 2.2-4　200m 预告标　图 2.2-5　站名标

注：灰底黑字（以南湖站为例）：站名标白底黑字；预告标。

（4）车厂的一度停车标也属于信号标志牌，设于车厂与进出厂信号机前，车厂内平交道口处，进入车库线路前等位置。如图2.2-6。

（5）警冲标：设于在两线路会合线相距为4m的中间或者设在两线中心线的最大间隔的起点处。如折返线的道岔与正线之间。

1）警冲标的作用：用来指示机车车辆的停留位置，防止机车车辆的侧面相撞；是一种信号标志。

2）警冲标（图2.2-7）

图2.2-6 一度停车标
注：白底黑字。

图2.2-7 警冲标
注：白底黑字。

2. 线路标志牌

（1）百米标：设于隧道壁位置，有100m、200m、300～900m。

（2）公里标：设于隧道壁位置，有010（1km）、020（2km）、030（3km）～180（18km）。

（3）坡度标：分为上坡坡度标和下坡坡度标。

（4）线路情况标：直（直线）、圆（圆曲线）和缓（缓和曲线）。

缓和曲线：行使于曲线工程的机车车辆，出现一些与直线运行显著不同的受力特征。如曲线运行的离心力，外轨超高不连续形成的冲击力等。为使上述诸力不致突然产生和消失，以保证列车曲线运行的平稳，需要在直线和圆曲线工程之间设置一段曲率半径和外轨超高均逐渐变化的曲线，称为缓和曲线。

2.2.2 信号设备

1. 信号概述

最早的轨道交通信号起源于英国，最初的列车指挥是由一位戴绅士礼帽、穿黑大衣和白裤子的铁路员工骑马在前引导运行的，他边跑边以各种手势发出信号指挥列车的前进和停止。1841年，英国人戈里高利提出用长方形臂板作为信号显示，装设在伦敦车站，这是轨道交通上首次使用臂板式信号机。

自1863年英国在伦敦建设第一条地铁线路，轨道交通信号就应用到地铁线路中。由于地铁线路的站间距小、运营线路条件差，仅仅靠机车信号显示、由司机来控制机车是很难做到大密度运营的，人们开始研究使用计算机技术指挥列车运行。

城市轨道交通信号系统是保证列车运行安全，实现行车指挥和列车运行现代化，提高运输效率的关键系统设备。信号是指挥列车运行的信息。运用技术手段按照联锁要求、运用闭塞原理，自动完成对列车进路的安全防护，指挥列车运行、保证列车之间的安全间隔，提高行车效率的系统称为信号系统。

城市轨道交通信号系统一般由正线和车辆段两大部分组成，其中正线信号系统是指列车自动控制系统（ATC），主要由列车自动保护系统（ATP）、列车自动驾驶系统（ATO）、列车自动监视系统（ATs）及计算机联锁系统四个子系统构成。车辆段信号系统一般采用计算机联锁，由信号楼值班人员操作控制。

2. 信号专业术语

（1）信号：信号是指挥列车运行的信息。用技术手段保证行车安全、提高行车效率的系统称为信号系统。

（2）进路：在车站范围及区间线路上列车由某一指定地点（始端信号机）运行到另一指定地点（终端信号机）所经过的路段。

（3）连锁：在信号机、道岔及进路之间建立的相互制约的关系。目的就是当一条进路建立后，防止其他列车进入该进路，保证该进路的行车安全。

(4) 闭塞：按照一定的规律组织列车在区间内运行的方法。

(5) 长进路：具有延时保护区段的进路，称为长进路。一般为跨连锁区之间的进路。

(6) 短进路：具有非延时保护区段的进路，称为短进路。一般为本连锁区里的进路。

(7) 连锁站：是指有 sICAs 连锁计算机设备的车站。

(8) 设备站：是指有与现场信号机、道岔设备接口的连锁接口设备（不含连锁计算机）的车站。

(9) 轨道电路：以两条钢轨作为导线，在一定长度的钢轨两端装设绝缘节，在送电端接上电源和保护设备，在受电端接上继电器而构成的电路，称为轨道电路。用于轨道区段空闲与占用监测，并传递行车信息，通过轨道区段可判断出列车的位置及运行情况。

(10) 信号机：用于防护进路，信号开放时允许列车通过进路，信号关闭时禁止列车通过进路。

(11) 进路的基本要素（元素）：信号机、道岔及轨道电路（轨道区段）。

3. 信号的作用

在城市轨道交通运输系统中，信号指示列车的运行和调车作业的命令，向行车有关人员指示运行条件，对行车运行方向、运行间隔、运行进路及运行速度进行控制。

地铁信号不仅是保证行车安全、提高运输效率的重要设备，而且是指挥行车、实现地铁自动控制与远程控制的重要手段，其作用如下：

(1) 确保列车运行的安全，防止追尾和冲突。先进的轨道交通信号系统能有效地对列车运行方向、运行间隔、运行进路及运行速度进行控制，防止列车出现追尾、冲突等事件。

(2) 提高运行效率。信号系统通过高速的数据传输方式，先进的移动闭塞系统及各种清晰、明了的信号显示，有效压缩列车运行间隔以提高列车运行效率。

（3）实现列车运行的自动化。信号系统对列车运行的各种数据进行收集、分析，根据运行情况自动完成对列车的启动、牵引、惰行和制动，发送车门和屏蔽门同步开关信号等指令，实现列车运行自动化。

轨道交通信号系统是由各类信号显示、轨道电路（或计轴设备）、道岔转辙装置等主体设备及其他有关附属设施构成的一个完整的体系，是信号（显示）、闭塞、连锁的总称。

4. 信号机编号原则：

（1）上行运行方向的信号机的代码表示为 S，下行运行方向的信号机的代码表示为 X。

（2）信号机布置在上行方向到达车站一端，其信号机编号按偶数连续编号，信号机布置在下行方向到达车站一端，其信号机编号按奇数连续编号；

（3）信号机编号从以车站为中心由外往内按从小到大顺序进行编号。

（4）遇信号机设置在上下行线同一水平位置时，按主要运行方向或线路为先。

5. 信号显示意义

（1）正线信号机设置原则

1）连锁站道岔前、区间设置有防淹门的两端站。

2）渡线、折返线、存车线和线路的尽头线。

3）反方向运行连锁站的出站前。

4）进、出联络线前。

（2）正线地面信号机显示

1）绿色灯光：允许信号，表示道岔已锁闭，进路中所有道岔开通直股，列车可以越过此信号机运行到下一个顺向信号机。

2）黄色灯光：允许信号，表示道岔已锁闭，进路中至少有一组道岔开通侧股，列车可以不超过道岔侧向限速的速度越过此信号机运行到下一个顺向信号机。

3）红色灯光：禁止信号，不允许列车越过信号机。

4) 红色灯光+黄色灯光：引导信号，准许列车以不大于规定的速度（25km/h）越过该架信号机并随时准备停车。如表 2.2-1。

正线地面信号机显示　　　　　　　　　　　表 2.2-1

序号	信号灯显示	行车指示	备注
1	绿灯	开通直股允许越过	
2	黄灯	开通弯股允许越过	
3	黄灯+红灯	引导信号允许越过	开放信号后60秒内必须通过
4	红灯	禁止越过	

（3）车厂/场信号机显示

1）入段/场信号机采用高柱（高度根据车辆高度确定）黄、绿、红三灯位信号机构，绿灯封闭，红灯为常态。其显示及意义如表 2.2-2。

车厂/场信号机显示意义　　　　　　　　　　表 2.2-2

序号	信号灯显示	行车指示	备注
1	一个黄色灯光	表明进场/段的进路开通，准许列车按规定的速度越过该架信号机进厂/场。	
2	一个红色灯光	不准列车越过该架信号机。	
3	一个红色灯光和一个黄色灯光	表明开放引导信号，准许列车以不大于25km/h的速度越过该架信号机并随时准备停车	

2）出车厂信号机采用三显示（一个三灯位机构），见表 2.2-3。

出车厂信号显示方式　　　　　　　　　　　表 2.2-3

序号	信号灯显示	行车指示	备注
1	黄灯	允许列车出车厂	
2	红灯	禁止越过该信号机	
3	月白灯	允许调车作业	可以越过该信号机

3）调车信号机采用两显示（一个两灯位机构），见表 2.2-4。

调车信号显示方式　　　　　　　　　　　　表 2.2-4

序号	信号灯显示	行车指示	备注
1	蓝灯	停止调车作业	禁止越过该信号机
2	月白灯	允许调车作业	可以越过该信号机

4) 停车库内调车信号机采用两显示（一个两灯位机构），见表 2.2-5。

停车库内调车信号显示方式　　　　　　　表 2.2-5

序号	信号灯显示	行车指示	备注
1	红灯	禁止越过该信号机	
2	月白灯	允许调车作业	可以越过该信号机

5) 试车线尽头设置阻拦信号机采用一显示（一个两灯位机构），固定显示红色灯光，禁止机车车辆越过该信号机。

（4）手信号

1) 调车信号旗显示方式（昼间）（表 2.2-6）

调车信号旗显示方式（昼间）　　　　　　表 2.2-6

序号	类别	显示方式	
		描述	图示
1	停车信号：要求列车停车	展开的红色信号旗，无红色信号旗时，两臂高举头上，向两侧急剧摇动	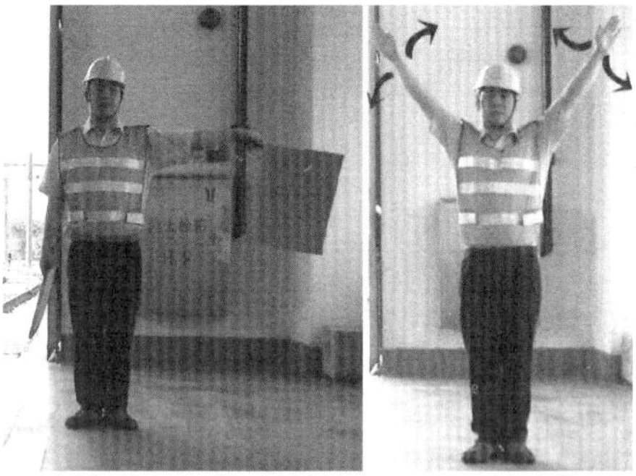

续表

序号	类别	显示方式	
		描述	图示
2	紧急停车信号：要求司机紧急停车	展开红旗下压数次，无信号旗时，两臂高举头上，向两侧急剧摇动	 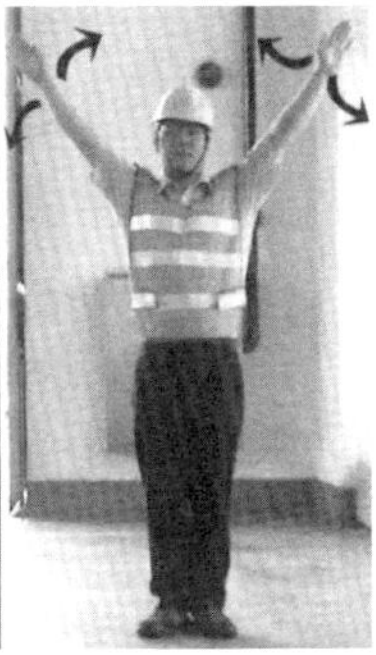
3	减速信号：要求列车降低速度运行	展开的黄色信号旗，无黄色信号旗时，用绿色信号旗下压数次	 
4	发车(指示)信号：要求司机发车	展开的绿色信号旗上弧线向列车方面作圆形转动	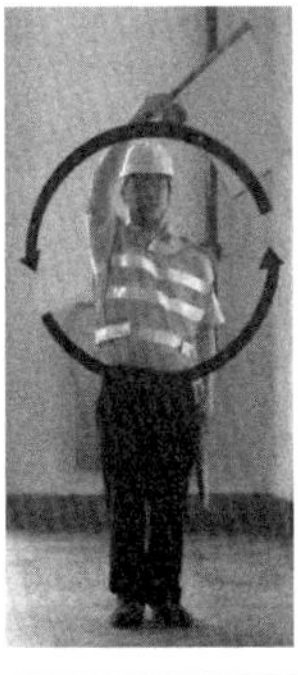

2 行车基础知识概述 | 37

续表

序号	类别	显示方式	
		描述	图示
5	通过手信号：准许列车由车站通过	展开的绿色信号旗	
6	引导信号：准许列车进入车站或车厂	展开黄色信号旗高举头上左右摇动	
7	好了信号：进路开通、某项作业完成的显示	用拢起信号旗作圆形转动	

续表

序号	类别	显示方式	
		描述	图示
8	指挥列车或车辆向显示人方向来的信号	展开的绿色信号旗在下方左右摇动	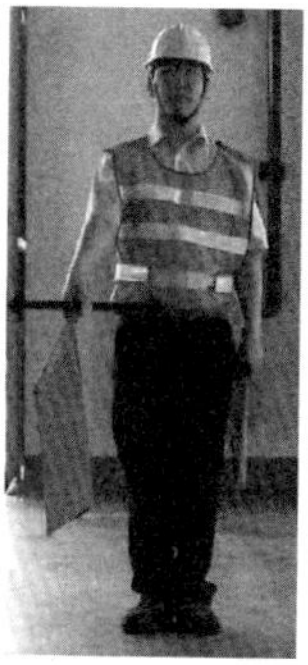
9	指挥列车或车辆向显示人反方向去的信号	展开的绿色信号旗上、下摇动	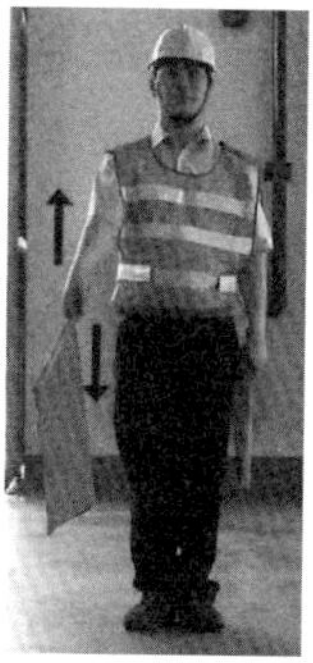
10	指挥列车或车辆向显示人方向稍行移动的信号（包括连挂）	左手拢起红色信号旗直立平举，右手展开的绿色信号旗在下方左右小摆动	

2 行车基础知识概述

续表

序号	类别	显示方式	
		描述	图示
11	指挥列车或车辆向显示人反方向稍行移动的信号（包括连挂）	左手拢起红色信号旗直立平举，右手展开的绿色信号旗在下方上、下小动	
12	试拉信号（连挂好后试拉）	按本表第10或第11项的信号显示，当列车启动后立即显示停车信号	
13	三、二、一车距离信号	右手展开的绿色信号旗下压三、二、一次	
14	连挂作业	两臂高举头上，拢起的手信号旗杆成水平末端相接	

续表

序号	类别	显示方式	
		描述	图示
15	取消信号：通知前发信号取消	拢起的手信号旗，两臂于前下方交叉后，左右摇动数次	

2）调车信号灯显示方式（夜间）（表 2.2-7）

调车信号灯显示方式（夜间）　　表 2.2-7

序号	类别	显示方式	
		描述	图示
1	停车信号：要求列车停车	红色灯光，无红色灯光时，用白色灯光上、下急剧摇动	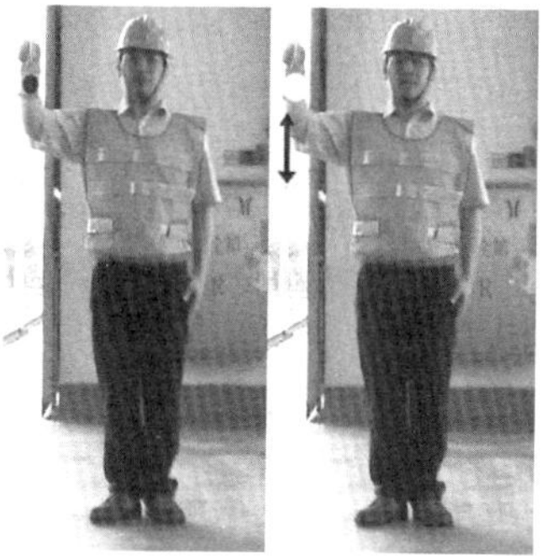

2　行车基础知识概述

续表

序号	类别	显示方式	
		描述	图示
2	紧急停车信号：要求司机紧急停车	红色灯光下压数次，无红色灯光时，用白色灯上下急剧摇动	
3	减速信号：要求列车降低速度运行	黄色信号灯光，无黄色灯光时，用白色或绿色灯光下压数次	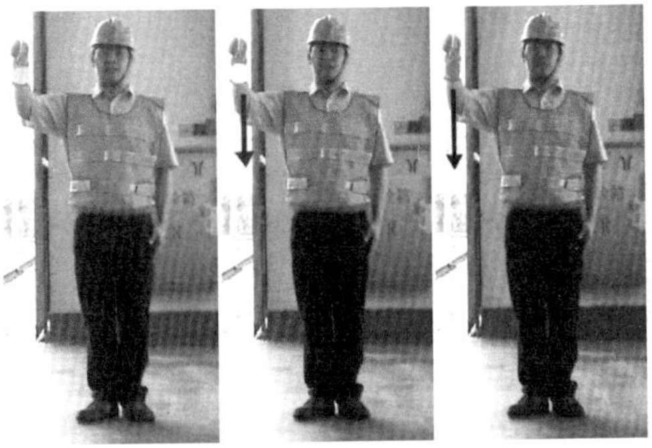
4	发车(指示)信号：要求司机发车	绿色灯光上弧线向列车方面作圆形转动	

续表

序号	类别	显示方式	
		描述	图示
5	通过手信号:准许列车由车站通过	绿色灯光	
6	引导信号:准许列车进入车站或车厂	黄色灯光高举头上左右摇动	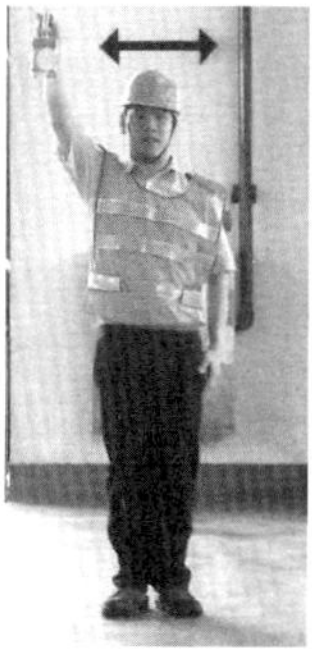
7	好了信号:进路开通、某项作业完成的显示	白色灯光作圆形转动	

2 行车基础知识概述

续表

序号	类别	显示方式	
		描述	图示
8	指挥列车或车辆向显示人方向来的信号	绿色灯光在下方左右摇动	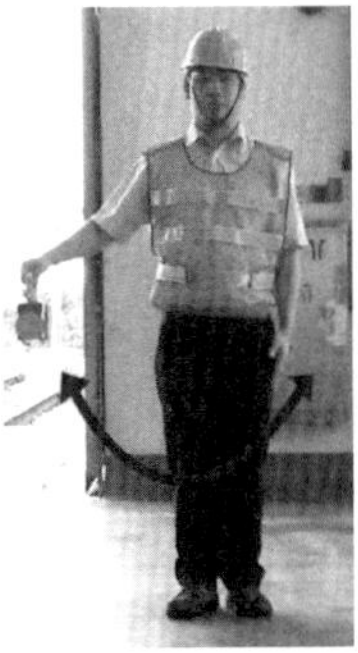
9	指挥列车或车辆向显示人反方向去的信号	绿色灯光上、下摇动	
10	指挥列车或车辆向显示人方向稍行移动的信号（包括连挂）	绿色灯光下压数次后，再左右小动	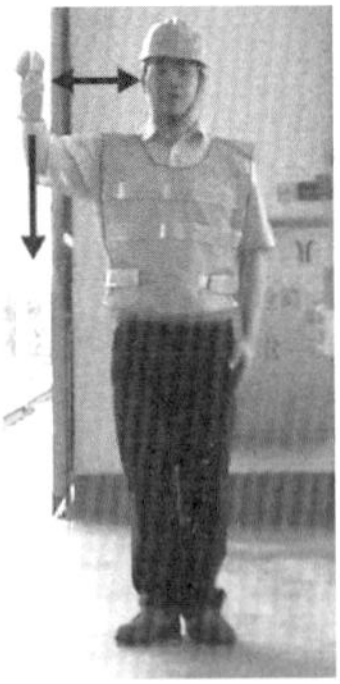

续表

序号	类别	显示方式	
		描述	图示
11	指挥列车或车辆向显示人反方向稍行移动的信号（包括连挂）	绿色灯光平举上、下小动	
12	试接信号（连挂好后试拉）	按本表第10或第11项的信号显示,当列车启动后立即显示停车信号	
13	三、二、一车距离信号	绿色灯光平举下压三、二、一次	
14	连接作业	红、绿色灯光(无绿色灯用白色灯光代替)交互显示数次	

2 行车基础知识概述

续表

序号	类别	显示方式	
		描述	图示
15	降弓信号	白色灯光上下左右重复摇动	
16	升弓信号	白色灯光作圆形转动	
17	取消信号：通知前发信号取消	红色灯光作圆形转动后，上下摇动	

3) 徒手信号显示方式（表 2.2-8）

徒手信号显示方式　　　　　表 2.2-8

序号	类别	显示方式	
		描述	图示
1	紧急停车信号（含停车信号）	两手臂高举头上，向两侧急剧摇动	
2	三、二、一车信号	单臂平伸后，小臂竖直向外压直，反复三次为三车、二次为二车、一次为一车	
3	连挂信号	紧握两拳头高举头上，拳心向里，两拳相碰数次	

2　行车基础知识概述

续表

序号	类别	显示方式	
		描述	图示
4	试拉信号	如本表第5或第6项,当列车刚启动马上给停车信号(第1项)	
5	向显示人方向稍行移动	三手高举直伸,右手向下斜伸,小臂上下摇动	
6	向显示人反方向稍行移动	左手高举直伸,右手向下斜伸,小臂上下摇动	
7	降弓信号	左臂垂直高举,右臂前伸并左右水平重复摇动	

续表

序号	类别	显示方式	
		描述	图示
8	升弓信号	左臂垂直高举，右臂前伸上下重复摇动	
9	发车(指示)信号(好了信号)	单臂向列车运行方向上弧圈做圆形转动	

(5) 音响信号

1) 列车鸣示方式

① 长声为2s，短声为0.5s，间隔为1s。重复鸣示时，须间隔5s以上。

② 客车、车组、工程车、轨道车等列车的鸣示方如表2.2-9：

列车鸣示信号　　　　　表 2.2-9

序号	名称	鸣示方式	使用时机
1	启动注意信号	一长声	(1)列车启动或机车车辆前进时(双机牵引时,本务机车鸣笛后,尾部机车应回示,本务机车再鸣笛一长声后启动); (2)接近车站、鸣笛标、隧道、施工地点、黄色信号、引导信号、天气不良时; (3)在区间停车后,继续运行时,通知车长; (4)客车在检修及整备中,准备降下或升起受电弓
2	退行信号	二长声	客车、机车车辆、单机开始退行
3	召集信号	三长声	要求防护人员撤回时
4	呼唤信号	二短一长声 ··—	(1)客车或机车要求出入车厂时; (2)在车站要求显示信号时
5	警报信号	一长三短声 —···	(1)发现线路有危及行车安全的不良处所时; (2)列车发生重大、大事故及其他需要救援情况时; (3)列车在区间内停车后,不能立即运行,通知车长时
6	试验自动制动机复示信号	一短声 ·	(1)试验制动机开始减压时; (2)接到试验制动结束的手信号,回答试风人员时; (3)调车作业中,表示已接受调车长所发出的信号时
7	缓解信号	二短声 ··	试验制动机缓解时
8	紧急停车信号	连续短声 ·····	司机发现邻线发生障碍,向邻线上运行的列车发出紧急停车信号时,邻线列车司机听到后,应立即紧急停车

2) 口笛鸣示方式如表 2.2-10。

口笛鸣示方式　　　　　表 2.2-10

序号	工作项目	鸣示方式	
1	发车、指示机车向显示人反方向移动	一长声	—

续表

序号	工作项目		鸣示方式	
2	指示机车向显示人方向移动		一短一长声	•—
3	指示发车		一短一长声	—•
4	制动机减压		一短声	•
5	制动机缓解		二短声	••
6	一道		一短声	•
7	二道		二短声	••
8	三道		三短声	•••
9	四道		四短声	••••
10	五道		五短声	•••••
11	六道		一长一短声	—•
12	取消		二长一短声	——•
13	再显示		二长二短声	——••
14	列车接近通报信号	上行	二长声	——
		下行	一长声	—
15	停车信号		连续短声	••••••

（6）徒手信号

1）调车员/车长或管理人员及行车有关人员检查工作或遇列车救援、发生紧急情况，没有携带信号灯或信号旗时，可用徒手信号显示。

2）徒手信号显示方如表2.2-11。

徒手信号显示 表2.2-11

序号	徒手信号类别	显示方式
1	紧急停车信号（含停车信号）	两手臂高举头上，向两侧急剧摇动
2	三、二、一车信号	单臂平伸后，小臂竖直向外压直，反复三次为三车，二次为二车，一次为一车
3	连挂信号	紧握两拳头高举头上，拳心向里，两拳相碰数次
4	试拉信号	如本表第5或第6项，当列车刚启动马上给停车信号（第1项）
5	向显示人方向稍行移动	左手高举直伸，右手平伸小臂左右摇动

续表

序号	徒手信号类别	显示方式
6	向显示人反方向稍行移动	左手高举直伸,右手向下斜伸,小臂上下摇动
7	"好了"信号	单臂握拳面向运行方向,上弧圈做圆形转动

(7) 调车电台信号

1) 调车电台基本色灯信号及含义。

红灯:停车。

红灯闪烁:电台故障(先停车,重启电台)。

黄灯:减速。

绿灯:启动或按规定速度运行。

2) 调车电台显示方式和指令含义,见表 2.2-12。

调车电台显示方式和指令含义　　表 2.2-12

项目	按键方式	显示方式	辅助语音	指令含义
1	红	红灯	停车、停车	停车信号
2	绿+绿	绿灯亮	推进、推进	启动、推进信号
3	绿	绿灯闪亮数次后熄灭	启动、启动	牵出、单机启动信号
4	绿+红	绿红灯交替闪亮后绿灯亮	连接、连接	连接信号
5	黄+黄	黄灯闪亮后绿灯亮	减速、减速	减速信号
6	黄(1.5s)	黄灯亮	三车、三车	三车信号
7	黄(0.5s)	黄灯亮	二车、二车	二车信号
8	黄(0.5s)	黄灯亮	一车、一车	一车信号
9	黄(0.5s)	黄灯亮	减速信号	减速、减速(紧接一车信号后)
10	黄+绿	黄灯长亮	二车、二车	直发二车信号
11	黄+红	黄灯长亮	一车、一车	直发一车信号
12	无测机车信号时,黄(1.5s)	无显示		呼叫信号楼
13	有测机车信号时,PTT+红	仍为原显示信号		呼叫信号楼
14	绿+黄	无显示	鸣笛、鸣笛	鸣笛信号

3）连接员显示方式和指令含义，见表2.2-13。

调车电台显示方式和指令含义　　　表2.2-13

项目	按键方式	显示方式	辅助语音	指令含义
1	红(0.5s)	一个红灯亮 两个红灯亮	紧急停车 报连接员号码	紧急停车信号
2	黄(1s)	一个红灯亮 (一个红灯灭)	报连接员号码及解锁	解锁信号

4）调车员（车长）每发出一次指令，都必须先口呼一次，再按键发出指令。

5）严格按规定用语通话，严禁用对讲机谈论与作业无关的内容。

6）调车作业必须认真贯彻单一指挥的原则，除调车员（车长）外，原则上其他人员均不准发射指挥机车的信号命令。当调车员（车长）通话或发射信号时，其他人员不得按下通话或信号按钮，避免干扰。

7）调车作业不超过三勾或变更作业不超过三勾时，车厂调度员可用对讲机布置，要求停车传达，有关人员必须复诵。车厂调度员用对讲机传达作业计划时，应掌握好时机，不得干扰正在作业的调车人员，避免误听、漏听。

8）现场调车人员应根据作业要求，站在便于前后瞭望的位置，加强联系。不准在建筑物内或离开作业地点遥控指挥作业。

9）连挂前一度停车（距被连挂车辆3m处），再动车时调车员（车长）须告知司机距离情况和注意事项，并确认司机清楚后方可按压连挂信号。

10）使用调车手持电台参与调车作业时，正常情况只能使用对讲功能，遇危及行车、人身安全时，立即发出"停车"口令和按压紧急停车按钮。

11）进入线路（含轨旁侵限范围）作业前，调车员（车长）必须先发停车信号，并与司机联系，得到司机应答后，方可进入作业。

12）司机发现机车控制器出现"红灯闪烁"或听到辅助语音提示"故障停车"和色灯信号与口令不符时，必须立即停车，通知调车员检查电台状态，确认正常后方可继续使用。

3 行车组织基础

3.1 行车组织概述

3.1.1 行车相关概念

行车组织工作是城市轨道交通调度指挥和运营工作的核心。列车的行车组织首先应确定最小行车间隔、停站时间、折返方式和时间等,在此基础上编制列车运行图、列车时刻表,控制中心调度、司机、车站等各行车岗位按照时刻表组织行车。

1. 连锁

连锁——指信号系统中的信号机、道岔和进路之间建立一定的相互制约关系。

"连锁"是技术设备上的相互控制装置,意义在于使设备之间相互制约,达到安全运作的目的。

在生活上也能碰到不少物件与物件之间的相互制约,从而达到安全使用的例子,例如:

(1) 微波炉的光线对人体有害,因此设计为:使用时如不关好门盖,则不能启动。

(2) 洗衣机在进行衣物脱水的时候,涡轮会高速转动,此时若打开洗衣机盖板,洗衣机会停止工作,防止衣物甩出。

(3) 保险箱必须要密码正确,再插进钥匙才可以开启。

2. 闭塞

闭塞:指列车进入区间后,使之与外界隔离起来,区间两端车站都不再向这一区间发车,以防止列车相撞和追尾(救援列车除外)。

传统的闭塞方法分为 3 种：

（1）人工闭塞；

（2）半自动闭塞；

（3）自动闭塞。

地铁现行的闭塞方法大致分为人工闭塞和信号（自动闭塞）。

（1）人工闭塞

地铁使用的人工闭塞方法有"电话闭塞法"及"站间电话联系法"。

1）电话闭塞法

电话闭塞法：车厂与正线连接站信号故障时，车厂与车站之间行车组织凭电话记录办理闭塞手续，司机凭路票行车，车站或车厂以地面信号（或引导手信号）接车的一种行车方法。

① 运用电话闭塞法的条件

a. 每一站间区间及前方站内线路内只允许一趟列车占用。

b. 进路上的道岔开通位置正确。

c. 前方车站同意接车。

② 运用电话闭塞法的凭证

路票（图 3.1-1）允许占用的区段，进路防护信号机的显示不作为行车凭证，司机按路票行车。

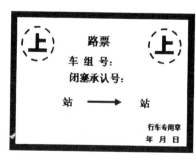 

图 3.1-1 路票

车站可将能够正常排列的信号进路作为办理闭塞进路的辅助手段使用。

发车时，接到接车厂（站）闭塞承认号后，才可填发路票，交付司机，共同确认路票正确后，给出发车指示信号。

2）站间电话联系法

① 运用站间电话联系法的条件

a. 每一站间区间及前方站内线路内只允许一趟列车占用。

b. 进路上的道岔开通位置正确。

c. 前方车站同意接车。

② 运用站间电话联系法的凭证

进路防护信号机的显示不作为行车凭证，司机按发车人员的发车指示信号作为占用进入下一站的凭证。

③ 采用站间电话联系法行车的关键环节

a. 每一站间区间及前方站内线路内只允许一趟列车占用。

b. 发车站值班员接到接车站同意接车的通知后，才可向司机显示发车指示信号。

c. 故障连锁站正线上的道岔要开通正线，并使用钩锁器锁定，两端终点站的道岔在确认位置正确后，只挂不锁。

（2）信号闭塞

信号闭塞：指利用信号设备把铁路线路人为地划分成若干个物理上或逻辑上的闭塞分区，实现一个闭塞分区同一时间内只允许一列车占用，以满足安全行车间隔和提高运输效率的要求。

目前，由于轨道交通的信号闭塞原则是按照 ATP/ATO 制式来划分的，基本上可以分为 3 类，即：固定闭塞、准移动闭塞和移动闭塞。

1）固定闭塞和准移动闭塞

固定闭塞和准移动闭塞是以轨道区段作为列车占用/空闲的凭证，行车间隔难以缩短，不能满足大运量的要求。

形成闭塞分区的设备：轨道电路、计轴区段。

2）移动闭塞

基本原理：线路上的前行列车经 ATP 车载设备将本车实际位置，通过通信系统传送给轨旁的移动闭塞处理器，并将此信息处理生成后续列车的运行权限,传送给后续列车的 ATP 车载设备。

后续列车与前行列车总是保持一个"安全距离",该安全距离是介于后车的目标停车点和确认的前车尾部的一个固定距离。在选择该距离时,已充分考虑了在一系列最坏情况下,列车仍能够被安全地分割开来。

3.1.2 行车基础

1. 行车指挥架构

(1) 地铁线路行车指挥执行层次

如图 3.1-2。

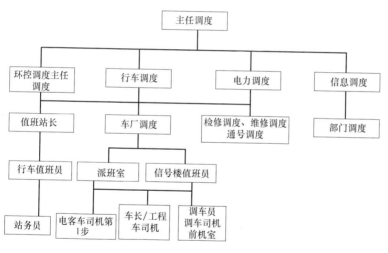

图 3.1-2 地铁线路行车指挥执行层次

(2) 行车组织指挥机构

1) 运营指挥分为一级、二级两个指挥层级;二级服从一级指挥。

2) 一级指挥为:行车、电力、环控和信息调度。

3) 二级指挥为:车站值班站长、车厂调度、检修调度、通号调度、维修调度。

4) 各级指挥要根据各自职责任务独立开展工作,并服从

3 行车组织基础 | 57

OCC主任调度总体协调和指挥。

(3) 地铁运营控制中心(OCC)

1) OCC是地铁日常运营、行车、设备维护组织的指挥中心。

2) OCC是地铁运营信息收发中心。

3) OCC代表运营分公司总经理指挥运营工作,代表运营分公司与外界协调联络地铁运营支援工作。

4) 主任调度是OCC当值调度班组长,各调度由主任调度协调统一指挥。在处理突发事件、事故时,各调度有责任向主任调度提供本岗位的协助处理方案,并及时报告相关信息。

5) 行车工作、行车设备的维修及抢险组织由行车调度(以下简称行调)统一指挥。

6) 供电设备运作及维修、抢险组织由电力调度(以下简称电调)统一指挥。

7) 环控和防灾报警设备及维修、抢险组织由环控调度(以下简称环调)统一指挥。

8) 信息的收发由信息调度(以下简称信调)统一负责。

(4) 车站

1) 地铁车站负责车站内的行车、票务、服务工作,落实、执行控制中心调度命令。

2) 发生行车设备故障,车站值班站长(值班员)应及时报告该设备所属部门调度和行调。

(5) 车厂控制中心(DCC):

1) DCC是车厂管理、车辆维修组织和作业的控制中心,DCC设有车厂调度、检修调度、信号楼值班员;

2) 车厂调度负责车厂范围内的行车组织、维修施工管理;

3) 信号楼值班员通过微机连锁设备负责集中控制车厂范围内的进路、道岔和信号机,隶属车厂调度管理;

4) 检修调度负责车辆日常检修、清洁、定修和临修工作控制,为地铁运营及设备维修施工提供数量足够和工况良好的电客车和工程列车。

2. 行车组织基本原则

（1）行车时间以北京时间为准，从零时起计算，实行 24h 制。行车日期以零时为界，零时以前办妥的行车手续，零时以后仍视为有效。

（2）空客车、工程列车、救援列车及调试列车出入车厂均按列车办理。

（3）列车在正线运行中，司机应在前端驾驶；推进运行时须在前端驾驶室配备司机或车站值班员及以上人员监控客车运行。

（4）行车有关人员必须服从行调指挥，执行行调命令；行车指挥工作中，因对规章条文理解不同、未明确规定等原因产生分歧时，在确保安全的前提下，先按行调命令执行。

（5）指挥正线列车运行的命令和口头指令，只能由行调发布。行调发布命令前应详细了解现场情况，听取有关人员意见。调度命令的发布规定如下：

1）发布书面命令的内容有：（特殊情况下可先用口头命令，事后补发书面）线路长期限速时/取消长期限速时（长期限速系指限速时间 24h 及以上）；非运营期间封锁线路/解封线路时；非运营期间从车厂加开工程车/调试车时；行调认为有必要记录的命令。

2）发布口头命令的内容有：运营期间临时加开或停开列车（包括客车、工程车及救援列车）；客车推进运行、退行，工程车退行；停站客车临时变通过；发布电话闭塞法组织行车。

3）除书面命令与口头命令外，行调可发布口头指令。

（6）行调发布的命令，车厂内电客车司机由派班员负责传达，其他岗位由车厂调度负责传达；正线的司机、车长由车站值班站长负责传达。车站或车厂传达给司机或其他有关人员的书面命令应盖有车站（车厂）行车专用章。

（7）司机接到书面调度命令后，须与行调核对命令号码、发令人、发令时间及命令内容。

(8) 书面命令须在《调度命令登记簿》内按照命令顺序填写且装订成册。

(9) 调度电话、站车无线电话用于联系行车工作，须使用标准用语，数字发音标准见表 3.1-1。

数字发音标准　　　　　　表 3.1-1

1	2	3	4	5	6	7	8	9	0
yao	liang	san	si	wu	liu	guai	ba	jiu	dong
幺	两	三	四	五	六	拐	八	九	洞

3. 调度命令

行车有关人员必须服从行调指挥，执行行调命令，行调应严格按《运营时刻表》指挥行车。指挥列车运行的命令分为口头命令和书面命令，只能由行调发布。发布命令前应详细了解现场情况，听取有关人员意见。

(1) 发布调度命令

1) 发布口头命令的内容有：

① 临时加开或停开列车（包括客车、工程车及救援列车）。

② 客车推进运行、退行，工程车退行。

③ 停站客车临时变通过。

④ 改变列车驾驶模式时。

⑤ 组织列车清客、救援。

⑥ 改变列车运行模式。

⑦ 改变行车组织模式。

⑧ 授权列车越过禁止信号。

2) 发布书面命令的内容有（紧急情况下可先用口头命令，事后补发书面）：

① 发布线路限速或取消限速（限速时间 24h 及以上）。

② 封锁开通线路时。

③ 行调认为有必要记录的命令。

(2) 发布口头命令和书面命令的范围

相关规定执行。行车调度员在发布书面调度命令时,应先发受令处所、后发命令内容,在受令人复诵正确后,再给出发令时间、命令号码和行车调度员代码。

(3) 调度命令号码的编制原则

1) 调度命令号码按不同工种调度分别进行编制,并按各自的号码段循环使用。

2) 行车调度命令号码的编制原则上由3位数组成,某地地铁公司行车调度命令号码编制原则为首位数字代表线别,后两位代表序号。

(4) 调度命令相关规定

1) 行调发布命令时,在车厂由派班员负责传达,在正线由车站值班站长(行车值班员)负责传达,传达给司机或其他有关人员的书面命令应盖有车站(车厂)行车专用章。

2) 同时向几个受令单位或部门发布调度命令时,行调应指定其中一人复诵,其他人核对,确保无误。发布书面命令须填写相关表格。

3) 行调应掌握工程车的运行,了解装卸作业进度,检查工程车进出工程领域的情况,确保安全。

4) 列车在区间时,电客车由司机负责指挥,工程车由车长负责指挥;列车在车站时,由车站值班站长负责指挥或由行调用无线电话直接指挥列车司机。

3.1.3 列车编组及开行规定

1. 有关列车标志、编组的规定。

(1) 工程车标志规定有:公司徽记、车辆编号、标志灯等。

(2) 工程列车尾部必须挂有标志灯。当工程列车按首尾机车编组时,应使用首端机车驾驶,当首端机车故障而使用尾端机车驾驶时,按推进运行办理。

(3) 列车编组,在列车中的机车和车辆的制动机应全部加入列车的制动系统。编入工程列车的车辆不准有关门车,如在运行途中因自动制动机发生故障时,报告行调并按其指示办理。

2. 工程列车应按规定的编挂条件进行编组。下列车辆禁止编入列车：

(1) 车体倾斜超过规定限度的。

(2) 曾经发生脱轨或冲撞事故，未经检查确认的。

(3) 装载超出限界、长轨或集重货物时，不符合《作业通用安全守则》的。

(4) 平板车装载货物违反装载和加固技术条件的。

(5) 平板车未关闭侧板的。

(6) 制动系统故障的车辆。

(7) 未按规定维护保养或清洁的列车。

3. 工程车开行的规定

(1) 工程车在正线牵引或推进运行，各站按列车办理。

(2) 工程车中车辆编挂条件按规定，由车长负责检查。工程车在正线或车厂运行，原则上接触网不需要停电；当工程车装载的货物高度超过距轨面3800mm的货物时，接触网必须停电。

(3) 工程车编挂有平板车时，因施工或装卸货物的需要，可以在中途站甩下作业，但要做好安全防护及防溜安全措施，返回时要挂走。平板车在区间原则上不准甩下作业。

(4) 工程车在正线运行，司机凭地面信号显示行车，行调加强监控，与前行列车至少保持两站两区间的安全距离；在区间或非连锁站作业后折返时，凭调度命令行车。

(5) 工程车在车站始发或停车后再开时，司机确认地面信号或按行调命令行车。

(6) 车站原则上不用接发列车，工程车在运行中司机、车长通过无线电话加强与车站联系，掌握运行计划，确认运行进路。

(7) 工程车到达指定的施工作业区域后，行调应及时发布书面命令封锁该作业区。待施工结束后，再开通有关线路，安排工程车回厂或到前方存车线（折返线）停放。

(8) 工程车出入厂的具体规定

1) 工程车出厂时应在出厂信号机前停车后联系行调，确认信号机开放正确后方可动车。

2）行调必须控制工程车在运行途中与前行电客车至少保持两站两区间的安全距离。

3）所有运营电客车到达车辆段后，工程车方可经出/入段线出厂，特殊情况按行调要求办理。

（9）工程车回厂时间要求：正线作业的工程车必须在运营出车前30分钟到达车辆段停稳。

（10）列车推进运行的规定

1）推进运行时，必须有符合资格的司机在列车前端驾驶室引导，无人引导时，禁止推进运行。

2）当难以辨认信号时，禁止列车推进运行。

3）在30‰及以上的下坡道推进运行时，禁止在该坡道上停车作业，并注意列车的运行安全。

3.2 非正常情况下行车组织

3.2.1 非正常情况下的处理

1. 事故（事件）的处理原则

在抢险指挥小组到达现场前，现场抢险指挥由事故（事件）处理主任负责。事故（事件）处理主任按以下办法自然产生，必要时由行调直接任命。

（1）直接影响到行车组织、客运服务及线路施工的：若发生在车站，由值班站长或站长担任；若发生在区间，涉及列车的由司机担任，事发区间邻近车站值班站长或站长到达现场后，由该值班站长或站长担任；若发生在车厂，由车厂调度员担任。

（2）未直接影响行车组织、客运服务及线路施工的：由设备设施管辖责任部门当班的班组长或现场作业负责人担任。

2. 各种非正常情况处理规定

（1）道岔故障处理规定

1）故障发生时行调立即扣停后续列车。

2）确认故障道岔没有列车占用或未被进路征用，条件满足后，行调授权车站将故障道岔转换两个来回尝试恢复，车站做好下线路钩锁道岔准备。

3）故障道岔无法恢复时，行调应优先考虑道岔正确表示位或变更进路组织行车，同时行调及时安排车站人员下线路将道岔钩锁至正确位置，人员避让至安全点后组织行车。

4）列车停在故障道岔上时，行调组织事故处理主任到现场确认安全后，行调通知司机限速 5km/h 动车，整列车出清故障道岔后，组织人员钩锁道岔。

5）首列车通过道岔故障区段须限速 25km/h 运行，司机须加强线路检查，如发现异常及时采取措施并报行调处理。

（2）计轴受干扰及计轴故障的处理

1）单个计轴受干扰造成计轴区域出现棕光带，原则上未影响列车运行时，行调应及时通知相关部门安排专业人员现场值守，待运营结束后处理。

2）单个计轴受干扰造成计轴区域出现粉红光带的处理

① 非道岔区段出现粉红光带以及道岔区段出现粉红光带但无需转换道岔组织行车时，由行调会同相关车站共同确认该区段空闲后，通知车站进行预复位操作，行调再组织列车限速通过该区段，待信号人员确认后，行调进行"确认计轴有效"，如粉红光带仍未消除，按单个计轴故障处理。

② 道岔区段出现粉红光带且需转换道岔组织行车时，由行调会同相关车站共同确认该区段空闲后，行调指令车站进行预复位操作并组织人工划轴。划轴后，如粉红光带转移到非道岔区段，按非道岔区段出现粉红光带处理；如粉红光带未转移，组织人工准备进路后，车站再进行预复位操作，行调再组织列车通过该区段，如粉红光带仍未消除，按道岔故障处理。

③ 车站组织人工划轴的规定：

a. 有信号人员值守车站的划轴工作由信号值守人员负责，车站人员协助。由车站通知信号值守人员划轴。无信号人员值守车站的划轴工作由车站负责。

b. 车站人员进入轨行区进行划轴或协助信号值守人员划轴时，须携带人工准备进路的必备工具。

c. 单个计轴受干扰造成计轴区域出现粉红光带时，首列车通过该区域须限速 25km/h，司机须加强线路检查，如发现异常及时采取措施并报行调处理，如未发现异常，不论粉红光带是否消除，后续列车按驾驶模式要求速度运行。

（3）单个计轴故障的处理

1）发生在道岔区段且需转换道岔组织行车时，按道岔故障处理。

2）发生在非道岔区段或虽发生在道岔区段但无需转换道岔组织行车，行调确认故障计轴区段无列车占用、有关道岔锁闭或电子锁定在正确位置后方可组织行车。

（4）施工结束后造成计轴受干扰出现粉红光带或棕光带的处理

1）行调指令相关人员进行预复位或划轴后，再组织列车通过粉红光带或棕光带区段。

2）原则上，行调须组织压光带的车厂列车至少提前 15min 出厂。

3）当计轴故障或受干扰出现粉红光带或棕光带，列车需通过该区段时，行调和车站人员不得办理与该列车运行方向相反的进路到该区段。施工结束后，行调需安排列车反方向运行压光带时，行调须及时向有关车站布置行车计划。

4）连锁区全部计轴粉红光带时，按电话闭塞法组织行车。如果能确认道岔位置正确并锁定，可以不到现场钩锁道岔。

（5）开放引导信号的规定：

1）行调向车站和司机布置需要越过某某信号机引导信号的命令。

2）列车在某某信号机前，司机用无线电话呼叫车站："某某站，请开放某某信号机引导信号"。

3）行车值班员听到司机呼叫后，立即开放引导信号，并密切监控引导信号状态，做好再次开放引导信号准备。

4）司机密切注意信号机引导信号开放状态，确认引导信号开放后，按规定速度要求立即动车。

5）进路第一个区段故障情况下，引导信号开放后，列车需要在多少秒内进入该进路始端信号机，否则引导信号自动关闭，车站需要再次开放引导信号。

6）当司机呼叫不到车站时，司机报行调，由行调转达车站执行相关操作。

(6) 取消发车进路的规定

值班员应正确掌握开放（显示）信号时机。当取消发车信号时，应先通知司机，在列车尚未启动时，收回行车凭证，再取消发车进路。

(7) 救援列车的开行

救援是指在运营期间因设备故障，人为操作（判断）失误、指挥调度失误或其他原因导致或确认某列车无法凭自身动力动车，需由另一列车（或工程车）将其推（拉）离的情况。

1）救援准则

正线列车救援时，首先遵循正向救援的准则，以确保其他正线列车正常运行秩序。

2）救援要求

① 司机对电客车的故障初步处理，原则上为 5min，司机无法处理或 5min 后还无法动车时，向检调申请技术支援，同时继续处理故障。

② 对电客车故障处理时间原则上为 8min，如仍不能动车时，由主任调度决定处理办法，当决定救援时，司机做好救援的防护连挂工作。

③ 救援列车的准备与运行安排：救援列车运行至距故障列车 15m 处停车，听候故障列车司机的指挥连挂。

④ 故障电客车在区间时，如需救援，原则上视为该区间已

封锁，向封锁区间发出救援列车时，不办理行车闭塞手续，以行调命令作为进出该区间的许可，但救援列车司机仍需确认前方进路与道岔状况。救援列车连挂故障列车出清该区间后，视为该区间解封。

⑤ 遇工程车在区间故障时，行调需发布封锁命令，向封锁线路发出救援列车时，不办理行车闭塞手续，以行调的命令作为进入该封锁线路的许可，但救援列车司机仍需确认前方进路与道岔状况。在未接到开通封锁线路的调度命令前，救援列车以外的其他列车不得进入该线路。

⑥ 一旦确定救援时，由行调向司机及有关车站发布开行救援列车的命令。

⑦ 已申请救援的列车不准动车，做好与救援列车的连挂准备工作。故障列车司机在连挂之前可继续排除故障，但不能启动列车，如故障排除则报告行调取消救援。

⑧ 救援列车推进故障列车运行时，司机需在救援列车前端驾驶室（运行方向）驾驶，故障列车前端驾驶室需有乘务员进行引导，运行限速 25km/h。救援列车牵引故障列车运行时，司机需在救援列车前端驾驶室（运行方向）驾驶，推进救援时限速 25km/h，牵引救援时限速 30km/h。

⑨ 禁止使用工程车救援载客列车；使用工程车救援空客车时，连挂后原则上限速 25km/h 运行。

⑩ 如救援列车与故障列车在存车线解钩后，受存车线路长度所限，救援列车需要退行才能开通后方区间，行调确认后方区间安全，可允许救援列车司机不换端退行至防护信号机前，退行路径上的相关道岔必须处在锁闭状态。

⑪ 在未接到开通封锁线路的调度命令前，不得将救援列车以外的其他列车开往该线路。

（8）列车退行的规定

1）列车因故在站间停车需要退行时，司机必须报告行调，在得到行调的命令后方可退行。行调应及时通知有关车站。

2）列车退行进入车站时，车站接车人员应于进站端墙处显示引导信号．列车在进站端墙外必须一度停车，确认引导信号正确方可进站。

3）退行列车到达车站后，司机应及时通过车站向行调报告，同时根据行调的命令处理。

4）使用引导信号的时机：列车出发整列离开站台区，因故需退回车站时，车站在确认列车后退进路无其他列车占用时，先通知相关连锁站关闭该进路的起始信号机的追踪自排，后通知司机后退，并在头端墙显示引导手信号。

（9）恶劣天气下的行车组织原则

在恶劣天气（如暴雨、台风、洪水、高温和地震等）条件下的行车组织原则，以确保行车安全为原则，采取降低运行速度、严格控制一个站间区间只准同方向一列车占用的办法组织行车。

（10）隧道内线路积水的处理

1）线路出现积水，行调应详细了解现场情况并及时通知相关专业派人处理；

2）如积水未漫过轨面且无上涨趋势，列车以正常速度通过；

3）如积水已漫过轨面，原则上禁止列车通过。

3.2.2 封锁进路行车组织

（1）调车作业中机车必须正向驾驶，牵引运行时司机与调车员/车长共同确认进路。执行同一份调车作业单时，司机、调车员需固定，不得中途更换。

（2）工程车需要在封锁进路上作业，在办理封锁进路时，具备开放地面信号条件的，信号楼值班员必须开放地面信号，司机凭地面信号显示动车。在作业工程中需要返回时开放不了信号的，司机必须向信号楼值班员提出申请，信号楼值班员接通光带确认进路正确并加锁进路上所有道岔后，同意司机动车，司机和调车员/车长在运行过程中注意确认进路道岔，并严格控制速度（5km/h）。

（3）车厂内调车作业严格执行呼唤应答制度及车机联控措

施，司机、调车员做到"动车集中看，瞭望不间断"，对运行进路每架信号机、每副道岔由近至远逐个呼唤，司机确认调车员显示信号后必须鸣笛回示。

（4）工程车在正线封锁区域内作业时，原则上进路的道岔不能动，若因作业确需转动道岔时，应按调车办理。由施工负责人向车长提出，车长与车站联系动车计划（打磨车由施工负责人指定车长的工作），车站值班员方可操作道岔转动，并单独锁定该道岔后，方可通知车长动车。

4 车辆基础知识

4.1 工程车辆概要

4.1.1 工程车的发展

1. 工程车的发展历程

重型工程车（含起重工程车、发电工程车）和工程平车（含起重工程平车、收轨平车）统称为工程车，是用于铁路建设、设备修理、抢险和检查等工作的主要运输设备。

最早的工程车由汽车改装而成，驾驶室没有换向装置，需使用转盘完成换向。20世纪60年代初，出现了长江型工程车，发动机是汽油机，装机功率66kW（90hp），只能在一端驾驶，最高运行速度50km/h，图4.1-1为早期工程车。

图 4.1-1 早期工程车

20 世纪 70 年代，能进行双向操纵、具有双传动装置、装机功率达到 85kW（115hp）、最高运行速度 60km/h 的铁棚工程车投入使用。

20世纪80年代以后,相继投入使用的二轴无转向架的工程车有:装机功率118kW(160hp)、最高运行速度80km/h的160型工程车;装机功率154kW(210hp)、最高运行速度85km/h的210型工程车;装机功率216kW(290hp)、最高运行速度90km/h以上的290型工程车。

20世纪90年代末期,四轴带转向架的工程车开始投入使用,主要有:装机功率216kW,最高运行速度90km/h、100km/h、110km/h的290(也称220)型工程车;装机功率269kW(360hp),最高运行速度100km/h、110km/h、120km/h的360(也称270)型工程车等(图4.1-2)。

图4.1-2 四轴带转向架工程车

随后又出现了更大功率的工程车,如300kW(400hp)、470kW(640hp)、1000kW(1350hp),传动方式也从单一的机械传动发展到机械传动、液力传动、电传动三种传动方式。

随着我国经济的快速发展,对铁路运量的需求越来越大,铁路列车密度不断加大,铁路运输向高速、重载方向发展,钢轨、轨枕重型化已成新建线路,线路大、中修的必然选择。使用环境的改变,对工程车的性能提出了更高要求,即要求运行时占用区间时间更短、牵引吨位更大、可靠性更高。新的工程车将采用功率更大、燃油经济性更好、废气排放标准更高的环保型发动机;所选用的零部件使用寿命更长、故障率更低;传动方式也将更多地采用液力传动和电传动,实现装机功率和传动方式的合理匹配,使发动机在正常使用条件下发挥最大效率;安全设施更完善,操作更简单,安全性能更好;司乘人员工作环境的舒适性不断提高,运行稳定性进一步提高。

2. 工程车的分类

工程车按性能作用、传动方式、轴列式、用途等有多种分类方式。

(1) 按性能作用分类

工程车按照性能、作用分为轻型工程车、重型工程车。

轻型工程车因其自重轻、功率小、牵引吨位小、运行速度较低,能由搭乘人员随时撤出线路,原则上只准在封锁施工作业时的白天使用,不按列车运行办理;在夜间或遇降雾、暴风雨雪天气时,为消除线路故障或执行特殊任务方准使用,此时需按列车运行办理。

重型工程车(含起重工程车和发电工程车)是用于铁路建设、设备修理、抢险和检查等工作的主要运输设备,经常承担路料运输、运送职工和机具及执行调车作业等任务。

重型工程车中的起重工程车主要用于在线路修理或接触网施工作业中吊装,如吊装钢轨、道岔、桥梁、接触网支柱等较笨重的物品,也可兼作牵引动力。重型工程车中的发电工程车适用于铁路养护和铁路线路的机械维修,兼具牵引车辆和发电功能。

(2) 按传动方式分类

工程车按传动方式可分为机械传动、液力传动和电传动。

机械传动工程车以柴油机为动力,通过离合器、变速箱、换向箱、传动轴、车轴齿轮箱等部件完成动力传递。机械传动方制造成本低、维修难度小、操作便利,广泛应用于功率 270kW 以下的工程车。但这种传动方式的缺点是部件多,故障多,维修工作量大,不能满足大功率工程车的需要。

液力传动工程车是以柴油机为动力,通过柴油机曲轴与液力变速箱或液力变矩器输入轴相连,将动力传递到液力变速箱或液力变矩器输出轴,再通过万向传动轴将动力传递至车轴齿轮箱、车轴和车轮。液力传动式工程车具有无级变速、操纵简单、启动加速平稳、牵引性能良好、工作可靠性好、使用寿命长等优点多用于240kW以上工程车（大功率车辆）。缺点是液力变速箱或液力变矩器制造技术含量高、造价高、维修保养要求高、机械效率低。

电传动工程车由柴油机驱动牵引发电机发电，将牵引发电机发出的交流电经硅整流装置整流调压后，供牵引电动机直接驱动车轴和车轮转动（交-直式）；将牵引发电机发出的直流电经调压后，供牵引电动机驱动车轴和车轮转动（直-直式）。目前，已有多种功率的电传动工程车出厂，如襄樊金鹰工程车辆有限公司生产的GCD1000（JY-1350）重型工程车、永济电机厂研制的GCD470重型工程车等（图4.1-3）。

电传动工程车采用交-直流电传动，具有功率大、牵引能力强、技术先进、大修周期长、维修方便、运用成本低等优点，但整车构造复杂，制造成本高。

图4.1-3 GCD470重型工程车

（3）按轴列式分类

工程车按轴列式分为：轴列式为B的二轴车、轴列式为A-A的四轴车和轴列式为B-B的四轴车等三种。

轴列式为B的二轴工程车的两车轴上的轮对均为驱动轮，如JY210、GC220工程车等。

轴列式为A-A的四轴工程车的四个车轴的轮对中，第二、第三轴的轮对为驱动轮，如JY290-10、GCS220、GC-270工程车等。

轴列式为B-B的四轴工程车的四个车轴的轮对均为驱动轮，如JY400、GCY350工程车等。

（4）按用途分类

工程车系列：可牵引配套平板车或通用车辆，适用于运输牵引、调车作业、区间通勤、指挥救援抢险和线路巡视。

电气化作业车（包括高空作业车）：具备工程车运输牵引功能，主要用于电气化铁路接触网的架线、放线、检修、日常维护和事故、故障抢修处理。

工程起重车（吊车）：适用于电气化铁路的立杆作业、线路维修和沿线的起重装卸作业，也可与其他车辆连挂组成抢修专列。

接触网检测车：适用于电气化铁路接触网参数的动态检测及公务巡视，也可作为牵引车使用。

3. 工程车的型号

工程车的型号由工程车名称代号、结构特点代号和主要参数等3部分组成。工程车的型号编制规定如下：

（1）工程车和工程平车名称代号用每个字的汉语拼音第一个字母大写表示。如重型工程车用GC，起重工程车用QGC，工程平车用PC，起重工程平车用QPC表示。

（2）工程车结构特点代号指工程车传动方式代号，其中，机械传动不标，液力传动用字母Y表示，电传动用字母D表示。

（3）工程车的主要参数是发动机的额定功率（kW），起重工程车的主要参数是最大起重量，工程平车的主要参数是载重量（t）。

（4）当工程车的结构有重大改进时，工程车的型号须在后面增加改进代号，改进代号按改进次数顺序依次采用罗马数字Ⅰ、Ⅱ、Ⅲ等。

例如，功率为220kW、经第二次改进的机械传动重型工程车型号为GC-220Ⅱ；功率为300kW的液力传动重型工程车型号为GCY-300；功率为1000kW的机械电传动重型工程车型号为GCD-1000；起重量为16t的起重工程车型号为QGC-16；载重量为30t的工程平车型号为PC30；载重量为30t的收轨平车型号为SPC30；载重量为30t的起重工程平车型号为QPC30。

4. 工程车端位、轴头的编号规定

工程车方向以柴油机方向来确定，柴油机所在端为前端，另一端为后端。车轴编号从前端往后按1、2、3、4依次编排。轴箱编号为：车辆前端左侧为1、3、5、7等，前端右侧为2、4、6、8等。

工程平车方向以制动缸活塞杆推出的方向来确定，制动缸活塞杆推出方向为前端，另一端为后端。当车辆有几个制动缸时，以手制动所在的一端为前端，为便于识别前、后端，在车上都喷涂有1（表示前端）、2（表示后端）定位标记，工程平车喷涂在车架侧梁两端。工程平车车轴编号和车轴端编号与工程车相同。

当车辆编成一列车时，应按照列车的运行方向来规定列车前部和后部。担当本务机的工程车后部的车辆称为机后，依次称为机后第1位车、机后第2位车等。

4.1.2 南宁地铁1号线配属工程车

南宁地铁1号线配属工程车见表4.1-1。

南宁地铁1号线配属工程车　　　　表4.1-1

序号	车辆类型	型号	用途
1	内燃工程牵引车	GCY-450	内燃工程牵引车是用于南宁轨道交通1号线电动客车的牵引、调车以及在隧道内进行救援的工程机车，也可以用于其他场合的牵引动力设备，具有双机重联功能
2	电力蓄电池工程牵引车	ZER4	电力蓄电池牵引车是用于南宁轨道交通1号线电动客车的牵引、调车以及在隧道内进行救援的工程机车，也可以用于其他场合的牵引动力设备，具有双机重联功能
3	钢轨打磨车	RGH20C	钢轨打磨车具有对工程和道岔进行保养性和修复性钢轨打磨功能，可消除钢轨表面锈蚀、疲劳裂纹、波浪、磨损、变形、斑点、飞边等缺陷。应对U71Mn热轧钢轨或全长淬火钢轨、U75V热轧钢轨、道岔进行预防性、保养性、修复性和非对称性钢轨均有打磨功能。尤其对道岔转辙部分和辙叉护轨部能做到更换磨石、打磨钢轨飞边
4	接触网检测车	JC-2	用于南宁轨道交通1号线接触网上部设备的维修和检测

续表

序号	车辆类型	型号	用途
5	轨道检测车	GJ-2	由1号线配备的内燃工程牵引车、电力蓄电池牵引车牵引作业,以25～80km/h速度进行工程检测作业,工程检测包括:工程几何测量、钢轨全断面测量、钢轨波浪磨耗、自动定位4项内容;最高以25km/h速度进行限界测量,限界测量包括B型车线路的限界
6	接触网维修作业车	JW-4	用于南宁轨道交通1号线接触网上部设备的维修
7	平板吊车	SPC-70	由1号线配备的内燃工程牵引车、电力蓄电池牵引车牵引,可连挂成组协调作业,也可单独进行吊装作业,主要用于南宁轨道交通1号线吊装、运输物料或机具等
8	平板车	PC-30	由1号线配备的内燃工程牵引车、电力蓄电池牵引车牵引,可连挂成组协调作业,也可单独进行作业,主要用于南宁轨道交通1号线工程基本建设、工程大修和维修中心在沿线施工中运输各种器材、运输散装货物或按集中载荷表装运集重货物

4.2 工程车的主要组成

重型工程车主要有传动系统、制动系统、走行部、车体及电气系统等组成。

柴油机:是工程车的动力装置,其作用是将燃料的化学能转变为机械功。工程车主要采用的是柴油机,即利用柴油燃烧时所产生的燃气直接推动活塞做功。

柴油机由曲轴连杆机械、配气机械、燃油供给系统、冷却系统、润滑系统和启动装置及电气系统等组成。

工程车电气系统主要有电源(蓄电池、发电机等)、启动装置、照明设备、仪表和辅助装置等。

传动装置的作用将发动机的机械功传给走行部分，力求发动机的功率得到充分发挥，并使机车具有良好的牵引性能。

4.2.1 走行部

走行部是支承车体并担负机车、车辆沿着工程走行的支承走行装置。内燃机车的走行部分为车架式走行部和转向架走行部。铁路发展的初期，世界各国大多采用将轮对直接安装于车体下面的二轴车上的车架式结构。

由于通过小半径曲线的需要，二轴车的轴距不能太大，另外，机车（车辆）的载重、长度和容积均受到限制。如果把二个或多个轮对专用的构架（或侧架）连接，组成一个小车，称为转向架，车体坐落在两个转向架上，由于这种带转向架结构的许多明显的优点，现代大多数工程机车（车辆）的走行装置都采用转向架结构形式。

为了改善车辆的运行品质，在走行部上设有弹簧减振装置和制动装置等。有转向架的车辆，为了便于通过曲线，一般在车体和转向架之间设有心盘或回转轴，转向架可以绕一中心轴相对车体转动。

1. 车钩的类型

车钩是用来实现机车和车辆或车辆和车辆之间的连挂，传递牵引力及冲击力，并使车辆之间保持一定距离的车辆部件。车钩按开启方式分为上作用式及下作用式两种。通过车钩钩头上部的提升机构开启的叫上作用式（图 4.2-1），南宁地铁 1 号线工程车大部分采用 13 号下作用式车钩；借助钩头下部推顶杠杆的动作实现开启的叫下作用式（图 4.2-2）。工程车与电客车连挂时还需在机车车钩上放置过渡车钩（图 4.2-3、图 4.2-4）。除上述所介绍的上作用式车钩、下作用式车钩和过渡车钩外，在大车钩正下方还配置一个小车钩（图 4.2-5），用于连挂无上作用式车钩或下作用式车钩的机车车辆，两小车钩相互连挂时须使用专用连挂装置人工进行连挂，并确认小车钩插销落下，插上开口销（图 4.2-6）。

图 4.2-1　上作用式车钩　　　　图 4.2-2　下作用式车钩

图 4.2-3　过渡车钩（侧面）　　图 4.2-4　过渡车钩（正面）

图 4.2-5　平板车小车钩　　　　图 4.2-6　小车钩连挂

2. 车钩的结构

车钩由钩头，钩身、钩尾 3 个部分组成、车钩前端粗大的部分称为钩头，在钩头内装有钩舌、钩舌销，锁提销，钩舌推铁和钩锁铁。车钩后部称为钩尾，在钩尾上开有垂直扁锁孔，以便与钩尾框联结。为了使机车与车辆挂成一组列车不致分离，车钩必须有闭锁作用；为了易于摘解，车钩需有开锁作用；在进行连接时，为使一个车钩的钩舌能伸入另一车钩的钩舌内，须使钩舌充分张开，因此，车钩需要全开作用。这3种作用状态就叫车钩三态（图4.2-7）。

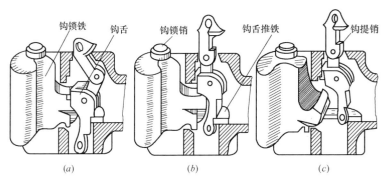

图4.2-7 车钩三态作用位置示意图
(a) 闭锁位置；(b) 开锁位置；(c) 全开位置

（1）闭锁位置：挂车时，钩舌被推动，钩舌尾部转入钩腔，钩锁铁落下，锁住钩舌不能转动，使车钩保持可靠的锁闭状态。

（2）开锁位置：摘解列车时，扳动钩提杆，钩锁锁杆就由下向上带动下锁销，首先使其凹台转出挡棱，然后顶钩锁铁向上，离开原来挡在钩尾的位置，这时钩舌就可以活动，呈开锁位置。

（3）全开位：钩锁铁充分顶起后，其上部向前偏重，前部凸起处下棱角与钩舌腔前壁拐角处抵触，并以此为支点，使锁脚向后方转动，推动钩舌推铁，抵钩舌尾部使其由钩腔中转出呈全开位置，为挂车作好准备。

车钩缓冲装置是用于使车辆与车辆、机车或动车相互连挂，传递牵引力、制动力并缓和纵向冲击力的车辆部件。它由车钩、缓冲器、钩尾框、从板等组成一个整体（图4.2-8），安装于车底架构端的牵引梁内。为了保证车辆连挂安全可靠和车钩缓冲装

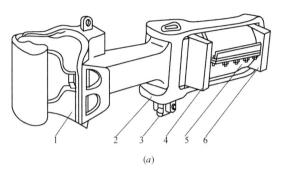

1—车钩；2—钩尾框；3—钩尾销；4—前从板；5—缓冲器；6—后从板

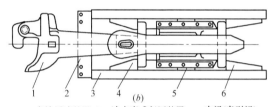

1—车钩缓冲装置；2—冲击座或复原装置；3—中梁(牵引梁)；
4—前从板；5—钩尾框托板；6—后从板座

图 4.2-8　车钩缓冲装置

置安装的互换性，我国铁路机车车辆有关规程规定：车钩缓冲器装车后，其车钩钩舌的水平中心线距钢轨面在空车状态下的高度，客车为 880mm（允许＋10mm，－5mm 误差），货车为 880mm（±10mm）。两相邻车辆的车钩水平中心线最大高度差不得大于 75mm。

缓冲器用来缓和列车在运行中由于机车牵引力的变化或在启动、制动及调车作业时车辆相互碰撞而引起的纵向冲击和振动。缓冲器有耗散车辆之间冲击和振动的功能，从而减轻对车体结构和装载货物的破坏作用。缓冲器的工作原理是借助于压缩弹性元件来缓和冲击作用力，同时在弹性元件变形过程中利用摩擦和阻尼吸收冲击能量。

3. 车钩检查标准及技术参数

（1）无裂纹，安装牢固，车钩三态作用良好，提杆无变形，勾舌销无断裂，开口销完整，车勾尾部安装螺丝牢固，无异样，勾头油润良好。

（2）车钩距轨面高度 815～890mm（空车最高 890mm，重车最低不小于 815mm，空、重车连挂钩高差不大于 75mm）。

（3）开启位 220～245mm。

（4）闭锁位 110～127mm，锁闭状态正常。

（5）全开位作用良好，锁闭状态正常。

（6）小车钩距轨面高度 371mm，小车勾安装螺丝无松动。

大劈叉制动法的危害：是指列车在惰性运行时，一般为车辆推机车前进，车辆之间的车钩在压缩状态，如施行制动，尤其是大减压时使用大劈叉，机车不发生制动作用，而后部车辆又迅速制动，机车拉动车勾，前拉后拖，很容易造成车钩断裂；由于机车不制动，整个列车制动力将降低，这样对安全不利。

4. 转向架的功能与结构

（1）大多数机车的走行部都采用转向架结构（图 4.2-9），转向架的任务是：

1）承受车架以上各部分的重量，包括车体、车架、动力装置以及辅助装置等。

2）保证必要的粘着，并把轮轨接触处产生的轮周牵引力传递给车架车钩，牵引列车前进。

3）缓和线路不平顺对机车的冲击和保证机车具有较好的运行平稳性。

4）保证机车顺利通过曲线。

5）产生必要的制动力，以便使机车在规定的制动距离内停车。

（2）转向架主要组成部分：

1）构架：是转向架的骨架，承受和传递垂向力及水平力。

2）弹簧装置：用来保证一定的轴重分配，缓和线路不平稳

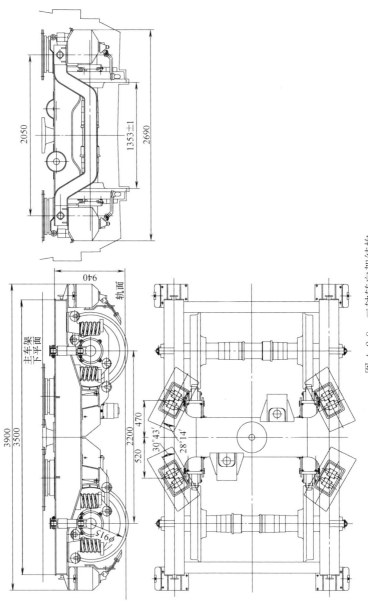

图 4.2-9 二轴转向架结构

对机车的冲击并保证机车在垂向的运行平稳性。

机车的弹簧装置一般由弹簧（圆弹簧、板弹簧、橡胶簧）、均衡梁、各连接件（杠件、销、垫片、螺母等）和减震器组成。

设置在转向架构架与轴箱之间的弹簧装置是第一系弹簧，设置在车体与转向架之间的是第二系弹簧。采用两系弹簧悬挂，可减少弹簧装置的合成刚度，改善机车在铅垂方向的运行平稳性和减少机车对线路的动作用力。

减振器不仅可以装在铅垂方向，也可装在水平方向。减振器有摩擦减振器和液压减振器两种，其中液压减振器主要是利用液体黏滞阻力做负功来吸收振动能量。地铁工程车一般是采用液压减振器。

3）车体与转向架的连接装置：用以传递车体与转向架间的垂向力及水平力（包括纵向力如牵引力或制动力，横向力，如通过曲线时的车体未平衡离心力等），使转向架在机车通过曲线时能相对于车体回转。它既是承载装置，又是活动关节。

4）轮对和轴箱：轮对直接向钢轨传递机车重量，通过轮轨间的粘着产生牵引力或制动力，并通过轮对的回转实现机车在钢轨上的运行。轴箱是联系构架和轮对的活动关节，它除了保证轮对进行回转运动外，还能使轮对适应线路等条件，相对于构架上下、左右和前后活动。地铁工程车一般采用滚动轴承轴箱。

5）传动机构：将机车动力装置的功率最后传递给轮对。机械、液力传动内燃机车的传动机构由万向轴、车轴齿轮箱等组成。电传动内燃机车的传动机构由牵引电机、车轴齿轮箱组成。

万向轴由法兰盘、花键套、花键轴、十字头组、轴承盖等组成。

车轴齿轮箱结构有：单级车轴齿轮箱、两级车轴齿轮箱。单级车轴齿轮箱只有一对锥齿轮。它的优点是结构简单、重量轻；缺点是减速比不大。两级车轴齿轮箱由一对锥齿轮及一对圆柱齿轮构成。它的优点是减速比比较大，缺点是结构复杂。

6）基础制动装置：由制动缸传来的力，经杠杆系统增大若干倍,传递给闸瓦,使其压紧车轮,对机车进行制动。

5. 轴箱和轮对

轴箱是联系构架和轮对的活动关节,它除了保证轮对进行回转运动外,还能使轮对适应线路等条件,相对于构架上下、左右和前后活动。轮对直接向钢轨传递机车重量,通过轮轨间的粘着产生牵引力或制动力,并通过轮对的回转实现机车在钢轨上的运行。

(1) 轴箱

轴箱装在车轴两端轴颈上,用来将全部簧上载荷包括铅垂方向的动载荷传给车轴,并将来自轮对的牵引力或制动力传到构架上去。此外,它还传递轮对与构架间的横向和纵向作用力。

轴箱对构架是个活动关节。轴箱与构架的连接方式对机车的运行品质有很大影响,这一连接通常称为轴箱定位。轴箱定位应保证轴箱能够相对于转向架构架在弹簧振动时作垂向运动,在机车通过曲线时还能少量横移。

轴箱定位一般分导框定位、无导框定位和V型橡胶堆式定位三种形式。

轴箱有滚动轴承轴箱和滑动轴承轴箱之分。

由于滚动轴承具有启动阻力小、游隙小、维护方便、节油和节省有色金属等一系列优点,所以现代机车上都采用滚动轴承轴箱。

1) 导框式定位轴箱

一般的结构上,导框是焊在构架侧梁上的一个铸钢件,轴箱上的导槽和构架上的导框相配合组成导框定位。

轴箱导框定位(图4.2-10)。轴箱在导框内可上、下移动,也可在规定的轴箱对构架的横动量范围内左、右移动。考虑到机车振动、轴重分配不均等引起的弹簧变形可能使轴箱碰到侧梁或轴箱托板,轴箱顶至侧梁底面的距离和轴箱底部至轴箱托板的距离有一定要求。为了便于修理,在轴箱导框与轴箱体相接触的摩擦面上,各装有耐磨的衬板。为了保证车轮经线路不平处时轴箱

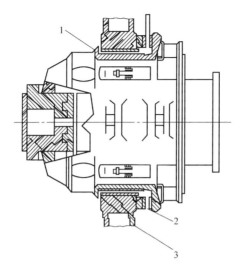

图 4.2-10 车轴箱与构架的连接
1—正面衬板；2—侧面衬板；3—轴箱导框

可作垂向运动而不被卡住，侧面衬板上、下部做成倾斜面。机车保养上应定期向轴箱与导框之间加润滑油。

2) 拉杆式定位轴箱

所谓拉杆式定位，是指轴箱用两根带有橡胶关节的轴箱拉杆（图 4.2-11）与构架连接。当轴箱上、下跳动时，两个轴箱拉杆分别以构架拉杆做的两个心轴为圆心做一定弧度的上、下摆动。如果拉杆为纯刚性的，则轴箱中心的运动轨迹为一条曲线，即一方面上、下跳动，一方面转动；但由于拉杆两端是橡胶关节，所以实际上轴箱中心运动的轨迹接近一条直线。

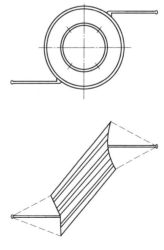

图 4.2-11 轴箱拉杆定位示意图

轴箱拉杆（图 4.2-12），它由拉杆体、长芯轴，短芯轴、橡胶套、橡胶垫、卡环及端盖组成。拉杆的两端通过长、短芯轴与轴箱拉杆座连接。

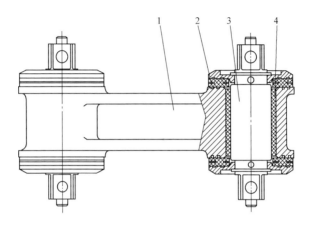

图 4.2-12　轴箱拉杆
1—拉杆体；2—橡胶垫；3—芯轴；4—橡胶套

采用这种带有橡胶关节的轴箱拉杆定位方式，轴箱可以依靠橡胶关节的径向、轴向及扭转弹性变形，实现各个方向的相对位移，使轮对与构架的联系成为弹性。适当选择它的横向刚度和纵向刚度，可以显著改善机车的运行稳定性。

这种无导框轴箱的优点是：轴箱与构架不需要润滑，也不存在磨损；轮对不能自由横动，有利于改善蛇形运动；轮对与构架的弹性连接具有缓和冲击和隔声的作用；轮缘磨耗比导框定位的小。因此，无导框轴箱已在我国新型机车上广泛采用。

应该指出，采用拉杆定位的轴箱，轴箱相对于构架的上、下位移，将受到拉杆橡胶套的约束，实际上就相当于在垂向加入了一个并联弹簧，因而使一系列弹簧悬挂的刚度增大。

3）V型橡胶堆式定位轴箱

采用这种V型橡胶堆式轴箱定位方式，V型橡胶堆支承构架重量，起轴箱弹簧的作用，还能传递纵向力及横向力。每一轴箱前后各装一个金属橡胶夹层弹簧。一端与构架固结，另一端与轴箱体固结。此橡胶弹簧在垂向载荷作用下，橡胶受到剪切及压缩变形。改变橡胶弹簧的安装角度，可以得到不同的垂向刚度和纵向刚度（图 4.2-13）。

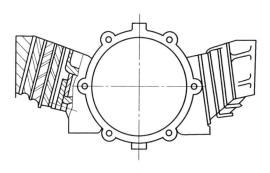

图 4.2-13　V 型橡胶堆式轴箱定位

V 型橡胶弹簧具有重量轻、结构简单、吸收高频振动，减少噪声等优点。但是衰振能力强的橡胶容易老化。地铁的网轨检测车就是这种 V 型橡胶弹簧定位轴箱。

（2）轮对

轮对是机车走行部分最重要的部件之一，它由车轴、车轮组成。

轮对的主要作用是：机车全部重量通过轮对支承在钢轨上；通过轮对与钢轨的粘着产生牵引力和制动力；通过轮对滚动使机车前进。此外，轮对在机车运行中的受载情况比较复杂繁重。当车轮行经钢轨接头、道岔等线路不平顺处，轮对承受全部垂向和侧向的冲击。

轮对是由一根车轴 2 和两个相同的车轮 1 组成（图 4.2-14）。在车轴与车轮结合部位采用过盈配合，使两者牢固地结合在一起，为保证安全，绝对不允许有任何松动的现象发生。

因此，对车辆轮对的要求是：应有足够的强度，以保证在容许的最高速度和最大载荷下安全运行；应在强度足够和保证一定

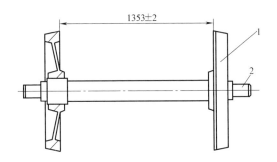

图 4.2-14 轮对
1—车轮；2—轴

使用寿命的前提下，使其重量最小，并具有一定弹性，以减小轮轨之间的相互作用力；应能适应车辆直线运行，同时又能顺利通过曲线，还应具备必要的抗脱轨的安全性。

在车轮的故障中，有踏面磨耗、轮缘磨耗、踏面擦伤与剥离、车轮裂纹等，它们都直接威胁到行车安全，因此，必须加强检查，及时发现并妥善处理。

1）车轴

车轴是机车转向架中最重要的部件之一，铁路机车车辆的车轴绝大多数是圆截面实心轴，它的质量好坏直接关系到运行的安全，所以制造和维修中，必须严格要求。

由于车轴各部位受力状态不同及装配的需要不同，其直径也不一样。车轴分轴颈、轮座、轴身、防尘板座几部分（图4.2-15）。各部位作用如下：

轴颈：用以安装滚动轴承（或安装滑动轴承的轴瓦），负担着车辆重量，并传递各方向的静、动载荷。

轮座：是车轴与车轮配合的部位。

轴身：是车轴中央部分，该部位受力较小。

防尘板座：为车轴与防尘板配合部位，其直径比轴径大，比轮座直径小，介于两者之间，是轴颈和轮座的中间过渡部分，以减小应力集中。

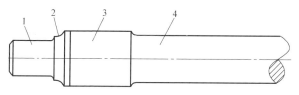

图 4.2-15 滚动轴承车轴
1—轴颈；2—防尘板座；3—轮座；4—轴身

车轴所受的载荷有：机车的自重和动态附加载荷；由车轴齿轮箱经过从动齿轮传给轮对的扭矩；牵引力的弯曲作用；通过曲线时的侧压力；车轴齿轮箱的轴颈载荷等。由于主要的应力都是交变的，所以多数车轴的折损是由疲劳引起的。实践证明，车轴的断裂多发生在三个区域：在轴颈的圆肩部分；在轮座的外缘部分；在车轴的中央部分。所以在设计车轴时，必须尽可能地减少车轴上的应力集中。为此，在车轴上不同直径的交接处，均用圆弧过渡，并且圆弧半径要尽可能大些。

2）车轮

目前我国铁路机车车辆绝大多数使用整体辗钢轮，它包括踏面、轮缘、轮辋、辐板和轮毂等部分（图 4.2-16）。

踏面：车轮与钢轨的接触面称为踏面。

轮缘：一个突出的圆弧部分成为轮缘，是保持机车、车辆沿钢轨运行，防止脱轨的重要部分。

轮辋：是车轮上踏面下最外一圈。

辐板：是联结轮毂与轮辋的部分。辐板上一般有两个圆孔，便于轮对在切削加工时与机床固定和搬运轮对之用。

轮毂：是轮与轴相互配合的

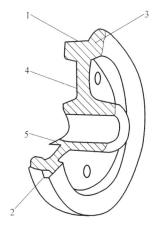

图 4.2-16 车轮
1—踏面；2—轮缘；3—轮辋；
4—辐板；5—轮毂

4 车辆基础知识 | 89

部分。

直径较大的车轮,是把轮箍套装在轮心上,轮心再装在车轴上。轮心还是套装车轴齿轮箱从动齿轮的部分。

踏面滚动圆直径即为车轮的名义直径。一般左右两轮缘内侧距离为1353mm。

轮缘和踏面是和钢轨直接接触的部分。为了使轮对在钢轨上平稳运行,顺利通过曲线,降低轮缘和踏面的磨耗,延长镟修时间,轮缘和踏面应有合理的外形。我国规定的车轮外形如图4.2-17所示。

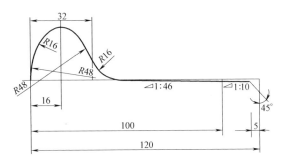

图 4.2-17 车轮轮缘踏面外形

车轮踏面需要作成一定斜度,其作用是:

① 便于通过曲线。机车车辆在曲线上运行,由于离心力的作用,轮对偏向外轨,于是在外轨上滚动的车轮与钢轨接触的部分直径较大,而沿内轨滚动的车轮与钢轨接触部分直径较小,使滚动中的轮对中,外侧的车轮沿外轨行走的路程长,内侧的车轮沿内轨行走的路程短,这正好和曲线区间路线的外轨长内轨短的情况相适应,这样可使轮对比较顺利通过曲线,减少车轮在钢轨上的滑行。

② 可自动调中。在直线线路上运行时,如果车辆中心线与工程中心线不一致,则轮对在滚动过程中自动纠正偏离位置。

③ 踏面磨耗沿宽度方向比较均匀。

从以上分析可知,车轮踏面必须有斜度。而由于斜度的存在，也是轮对发生蛇行运动的原因。

锥形踏面与钢轨的接触，明显地仅为狭小面积接触，因此，产生局部磨耗，使轮箍呈凹形。但踏面到达某种凹形程度后，外型便相对稳定。如果把轮箍外形设计成磨耗型轮箍外形，轮轨接触条件就能稳定，因此国内外提出了采用曲形踏面（或称磨耗型踏面）设计。曲形踏面的优点是：延长了镟轮公里和减少镟轮时的车削量；在同样接触应力下，容许更高的轴重；减少曲线上的轮缘磨耗。

但是，曲形踏面的缺点是降低了机车的蛇行临界速度。

车轮的形状、尺寸、材质是多种多样的，按其用途可分为客车用、货车用、机车用车轮。按其结构分有整体轮与轮箍轮。

6. 弹簧与减振器

机车的弹簧装置一般由弹簧（圆弹簧、板弹簧、橡胶簧）、均衡梁、各连接件（杠件、销、垫片、螺母等）和减振器组成。

弹簧装置有两个主要作用：第一作用是给机车各轴以一定的重量分配，并使所分配的重量在车轮行经不平线路时不致发生显著变化。第二个作用是当机车车轮行经不平顺处或者因车轮不圆而发生冲击时，弹簧装置可缓和其对机车的冲击。

（1）机车常用的弹簧

1）圆弹簧

圆弹簧一般安装在转向架构架和轴箱之间作为一系弹簧，这种弹簧比较轻，静挠度小，工作灵敏，但无减振能力，可与减振器配合使用。

有时圆弹簧的尺寸受到安装处所的位置限制或者簧条太粗，为了利用弹簧内部空间，往往采用双圈圆弹簧，甚至三圈圆弹簧来代替单圈圆弹簧。为了防止因震动而使内外圈卡死，两个弹簧的螺旋方向应相反。地铁绝大多数工程车就是这种弹簧。

2）橡胶弹簧

橡胶弹簧一般安装在车体与转向架之间作为二系弹簧，这种弹簧具有：减振性能好，特别是吸收高频振动的能力；重量轻；

不存在突然折损的可能,运用中不需经常检查。地铁 DWG 型网轨检测车的二系弹簧就是橡胶弹簧。

(2) 液压减振器

现代机车上,广泛采用圆弹簧与减振器相结合,以达到即能衰减振动,又能保持弹簧装置工作灵活的目的。减振器不仅安装在铅垂方向,也可安装在水平方向。减振器有摩擦减振器和液压减振器两种。

摩擦减振器是借摩擦面的相对滑动产生阻尼的减振器。摩擦减振器结构简单,成本低,制造维修比较方便。缺点是摩擦力随表面状态的改变而变化,摩擦力与振动速度基本无关,所以可能出现低速时阻尼过大,影响弹簧的灵敏度;较高速度下出现阻尼不足,振幅过大。

液压减振器主要是利用液体黏滞阻力做负功来吸收振动能量。液压减振器的优点,在于它阻力是振动速度的函数,因此它有较好的减振性能,得到广泛应用。地铁工程车都是采用液压减振器。

4.2.2 机械间部件

1. 空气压缩机

工程车上应用的空气压缩机主要有活塞式空气压缩机和螺杆式空气压缩机两种。

(1) 活塞式空气压缩机

1) 往复式压缩机的主要性能指标

额定排气量:即为压缩机铭牌上标注的排气量,指压缩机在特定进口状态下的排气量。常用单位 m^3/min、m^3/h。

额定排气压力:即为压缩机铭牌上标注的排气压力,常用单位 MPa、bar。

排气温度:考虑到积炭和安全运行,对于相对分子量小于或等于 12 的介质,排气温度不超过 135℃;对乙炔、石油气、湿氯气排气温度不超过 100℃;其他气体建议不超过 150℃。

活塞力:因此将这时的气体力称为活塞力。

级数：大中型往复压缩机以省功原则选择活塞在止点处所受到的气体力最大级数，通常情况下其各级压力比≤4。

2）往复式压缩机的工作原理及特点

当曲轴旋转时，通过连杆的传动，活塞便做往复运动，由汽缸内壁、汽缸盖和活塞顶面所构成的工作容积则会发生周期性变化。活塞从汽缸盖处开始运动时，汽缸内的工作容积逐渐增大，这时气体即沿着进气管，推开进气阀而进入汽缸，直到工作容积变到最大时为止，进气阀关闭；活塞反向运动时，汽缸内工作容积缩小，气体压力升高，当汽缸内压力达到并略高于排气压力时，排气阀打开，气体排出汽缸，直到活塞运动到极限位置为止，排气阀关闭。当活塞再次反向运动时，上述过程重复出现。总之，曲轴旋转一周，活塞往复一次，汽缸内相继实现进气、压缩、排气的过程，即完成一个工作循环。

压缩机的理想工作过程是：①压缩机没有余隙容积；②吸、排气过程没有阻力损失；③吸、排气过程中与外界没有热量交换；④没有泄漏。

往复式压缩机的主要特点：①适用压力范围广，不论流量大小，均能达到所需压力；②热效率高，单位耗电量少；③适应性强，即排气范围较广，且不受压力高低影响，能适应较广阔的压力范围和制冷量要求；④可维修性强；⑤对材料要求低，多用普通钢铁材料，加工较容易，造价也较低廉；⑥技术上较为成熟，生产使用上积累了丰富的经验；⑦装置系统比较简单。

缺点：①转速不高，机器大而重；②结构复杂，易损件多，维修量大；③排气不连续，造成气流脉动；④运转时有较大的震动。

（2）螺杆式空气压缩机

1）微油螺杆式空气压缩机

微油螺杆式空气压缩机具有运转性能可靠、易损件少、振动小、噪声低、含油量少、效率高的特点。在压缩过程中，压缩机凭借其自身所产生的压力差，不断向压缩室及轴承喷入润滑油，润滑油主要有三个作用：第一，润滑作用：润滑油可以在转子之间形成油膜，避免了转子间的接触，减少摩擦。第二，密封作用：由于润滑油产生的油膜产生能对压缩空气起到密封作用，提高了压缩机的容积效率。第三，冷却作用：由于润滑油吸收了大量的压缩热，使压缩过程接近于等文压缩，降低了压缩机的比功率。另外，润滑油还能降低高频压缩产生的噪声。

① 基本结构

斯可络微油螺杆式空气压缩机是一种双轴容积式回转型压缩机。进气口位于机壳之上端，排气口位于下部，一对高精密度主、副转子，则水平且平行装于机壳内部，主转子有五个形齿，副转子有六个形齿。主转子直径较大，副转子直径较小。齿形成螺旋状，环绕于转子外缘，两者齿形相互啮合。主、副转子两端分别由轴承支承。机体共分两种，一种为皮带传动式，另一种直接传动式。皮带传动没有增速齿轮，而两个依速度比例制造的皮带轮将动力经由皮带传动。

② 啮合

皮带带动主转子，由于二转子相互啮合，主转子即直接带动副转子一同旋转。冷却润滑油由压缩机机壳下部经由喷嘴直接喷入转子间啮合部分，并与空气混合，带走因压缩而产生的热量，达到冷却效果。同时形成油膜，防止转子间金属与金属直接接触及密封转子间和转子与机壳间隙，喷入的润滑油亦可以减少高速压缩所造成的噪音。由于排气压力的不同，喷有的重量约为空气重量的5～10倍。

2) 双螺杆空气压缩机

① 吸气过程

螺杆式进气侧的吸气口，必须设计的使压缩室可以充分吸气，而螺杆式压缩机并无进气与排气阀组，进气只靠一调节阀的开启、关闭调节，挡转子转动时，主副转子的齿沟空间再转至进气端壁开口时，其空间最大，此时转子的齿沟仍处于真空状态，当转到进气口时，外界空气即被吸入，沿轴向流入主副转子的齿沟内。当空气充满整个齿沟时，转子的进气侧端面转离了机壳的进气口，在齿沟间的空气即被封闭。

② 封闭及输送过程

主副两转子在吸气终了时，其主副转子齿峰会与机壳封闭，此时空气在齿沟内封闭不再外流，即封闭过程。两转子继续转动，其齿峰与齿沟在吸气端温和，吻合面逐渐向排气端移动，此即输送过程。

③ 压缩及喷油过程

在输送过程中，啮合面逐渐向排气端移动，亦即啮合面与排气口间的齿沟间渐渐减小，齿沟内的气体逐渐被压缩，压力提高，此即压缩过程。而压缩同时润滑油亦因压力差的作用而喷入压缩室内与空气混合。

④ 排气过程

当转子的啮合端面转到与机壳排气相通时，（此时压缩气体压力最高）被压缩的气体开始排出，直至齿峰与齿沟的啮合面移至排气端面，此时两转子啮合面与机壳排气口的齿沟空间为零，即完成（排气过程），在此同时转子啮合面与机壳进气口之间的齿沟长度又达到最长，其吸气过程又在进行。

2. 柴油机基础知识

（1）柴油机基本概念

1）上止点：活塞离曲轴中心线最远的位置；

2）下止点：活塞离曲轴中心线最近的位置；

3）冲程 S：上、下止点间的直线距离；

4）曲柄半径 R：曲轴的曲柄销中心线与主轴轴颈的中心线之间的距离；

5）缸径 D：汽缸的内径，上海柴油机厂的 6135 型柴油机的缸径是 135mm；

6）压缩容积 V：活塞在上止点时活塞顶与汽缸盖底面之间的汽缸容积，又称为燃烧室容积；

7）汽缸工作容积 V_s：活塞工作时从上止点到下止点所扫过

的容积;

8) 汽缸总容积 V_a: 活塞在下止点时活塞顶以上全部容积, 它是压缩容积和工作容积之和, 即: $V_a = V_s + V$;

9) 压缩比 ε: 汽缸总容积与压缩容积之比称为压缩比, 即 $ε = V_a/V$。压缩比是柴油机的一个重要参数, 它表明汽缸内空气被活塞压缩的程度。压缩比越大, 压缩终了时的压力和温度越高, 燃油就越容易燃烧, 燃烧产生的压力就越大, 零部件受力或曲轴输出的力就越大。现代柴油机的压缩比一般为 14~22 或更高, 而增压型柴油机压缩比相应有所减小。

(2) 柴油机性能指标

柴油机的性能指标是表征各类柴油机的性能、特点,比较性能优劣的评价指标。其性能指标主要有动力性指标,经济性指标、排放指标和噪声指标。

1) 动力性指标

动力性指标主要是指柴油机的有效转矩 (即曲轴的输出转矩) 和有效功率 (即曲轴的输出功率)。有效转矩是指发动机曲轴传给飞轮的转动力矩, 用 M_e 表示, 有效转矩通常通过发动机的台架试验, 用测功率器和扭矩仪测出。有效功率即发动机曲轴输出功率, 用 P_e 表示, 它等于有效转矩与曲轴角速度的乘积。$ω = 2πn$, $P_e = M_e × n/9550$。柴油机的额定转速也是表征动力性能指标的参数。

2) 经济性指标

经济性指标主要指发动机的燃油消耗率, 即发动机单位时间 (h) 功率 (kW) 下消耗的燃油量 (g)。

3) 排放指标

排放指标主要是指从发动机油箱、曲轴箱排除的气体和从汽缸排出的废气中所含的有害排放物的量 (柴油机主要是氮氧化合物和颗粒)。现行的柴油机排放标准有国三标准、国四标准、欧三标准、欧四标准等。

(3) 冲程柴油机的工作原理

柴油机的工作是由进气、压缩、燃烧膨胀和排气这四个过程来完成的，这四个过程构成了一个工作循环。活塞走四个过程才能完成一个工作循环的柴油机称为四冲程柴油机。

1）进气冲程

第一冲程：进气，它的任务是使汽缸内充满新鲜空气。当进气冲程开始时，活塞位于上止点，汽缸内的燃烧室中还留有一些废气。

当曲轴旋转时，连杆使活塞由上止点向下止点移动，同时，利用与曲轴相连的传动机构使进气阀打开。

随着活塞的向下运动，汽缸内活塞上面的容积逐渐增大：造成汽缸内的空气压力低于进气管内的压力，因此，外面空气就不断地充入汽缸。

进气过程中汽缸内气体压力随着汽缸的容积变化的情况如图 4.2-18 所示。图中纵坐标表示气体压力 P，横坐标表示汽缸容积 V_h（或活塞的冲 S），这个图形称为示功图。图中的压力曲线表示柴油机工作时，汽缸内气体压力的变化规律。从图中我们可以看出进气开始，由于存在残余废气，所以稍高于大气压力 P_0。在进气过程中由于空气通过进气管和进气阀时产生流动阻力，所以进气冲程的气体压力低于大气压力，其值为 $0.085 \sim 0.095$ MPa，在整个进气过程中，汽缸内气体压力大致保持不变。

当活塞向下运动接近下止点时，冲进汽缸的气流仍具有很高的速度，惯性很大，为了利用气流的惯性来提高充气量，进气阀在活塞过了下止点以后才关闭。虽然此时活塞上行，但由于气流的惯性，气体仍能充入汽缸。

2）压缩冲程

第二冲程：压缩。压缩时活塞从下止点向上止点运动，这个冲程的功用有 2 个，一是提高空气的温度，为燃料自行发火作准备；二是为气体膨胀作功创造条件。当活塞上行，进气阀关闭以后，汽缸内的空气受到压缩，随着容积的不断细小，空气的压力和温度也就不断升高，压缩终点的压力和温度与空气的压缩程度有关,即与压缩比有关。一般压缩终点的压力和温度为:$P_c=4\sim8\text{MPa}$,$T_c=750\sim950\text{K}$。

柴油的自燃温度约为543~563K,压缩终点的温度要比柴油自燃的温度高很多,足以保证喷入汽缸的燃油自行发火燃烧。

喷入汽缸的柴油,并不是立即发火的,而且经过物理化学变化之后才发火,这段时间大约有0.001~0.005s,称为发火延迟期。因此,要在曲柄转至上止点前10°~35°曲柄转角时开始将雾化的燃料喷入汽缸,并使曲柄在上止点后5°~10°时,在燃烧室内达到最高燃烧压力,迫使活塞向下运动。

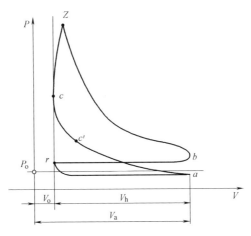

图 4.2-18　进气过程中汽缸内气体压力随着汽缸的容积变化图

3)燃烧膨胀冲程

第三冲程:燃烧膨胀。在这个冲程开始时,大部分喷入燃烧室内的燃料都燃烧了。燃烧时放出大量的热量,因此气体的压力和温度便急剧升高,活塞在高温高压气体作用下向下运动,并通过连杆使曲轴转动,对外作功。所以这一冲程又叫作功或工作冲程。

随着活塞的下行,汽缸的容积增大,气体的压力下降,工作冲程在活塞行至下止点,排气阀打开时结束。

在图中,工作冲程的压力变化这条线上升部分表示燃料在汽缸内燃烧时压力的急剧升高,最高点表示最高燃烧压力 P_z,此点的压力和温度为:

$P_z = 6 \sim 15\text{MPa}$,$T_z = 1800 \sim 2200\text{K}$

最高燃烧压力与压缩终点压力之比(P_z/P_c),称为燃烧时的压力升高比,用 λ 表示。根据柴油机类型的不同,在最大功率时 λ 值的范围如下:$\lambda = P_z/P_c = 1.2 \sim 2.5$。

4)排气冲程

第四冲程——排气。排气冲程的功用是把膨胀后的废气排出去,以便充填新鲜空气,为下一个循环的进气作准备。当工作冲程活塞运动到下止点附近时,排气阀开起,活塞在曲轴和连杆的带动下,由下止点向上止点运动,并把废气排出汽缸外。由于排气系统存在着阻力,所以在排气冲程开始时,汽缸内的气体压力要比大气压力高 $0.025 \sim 0.035\text{MPa}$,其温度 $T_b = 1000 \sim 1200\text{K}$。为了减少排气时活塞运动的阻力,排气阀在下止点前就打开了。排气阀一打开,具有一定压力的气体就立即冲出缸外,缸内压力迅速下降,这样当活塞向上运动时,汽缸内的废气依靠活塞上行排出去。为了利用排气时的气流惯性使废气排出得干净,排气阀在上止点以后才关闭。

在图中,排气冲程曲线表示在排气过程中,缸内的气体压力几乎是不变的,但比大气压力稍高一些。排气冲程终点的压力 P_r 约为 $0.105 \sim 0.115\text{MPa}$,残余废气的温度 P_r 约为 $850 \sim 960\text{K}$。

由于进、排气阀都是早开晚关的;所以在排气冲程之末和进气冲程之初,活塞处于上止点附近时,有一段时间进、排气阀同时升起,这段时间用曲轴转角来表示,称为气阀重叠角。

排气冲程结束之后,又开始了进气冲程,于是整个工作循环就依照上述过程重复进行。由于这种柴油机的工作循环由四个活塞冲程即曲轴旋转两转完成的,故称四冲程柴油机。

在四冲程柴油机的四个冲程中,只有第三冲程即工作冲程才产生动力对外作功,而其余三个冲程都是消耗功的准备过程。为此在单缸柴油机上必须安装飞轮,利用飞轮的转动惯性,使曲轴在四个冲程中连续而均匀地运转。

(4) 柴油机的基本结构

无论结构简单还是复杂的柴油机,主要都是由下列机构和系统组成的(图4.2-19):

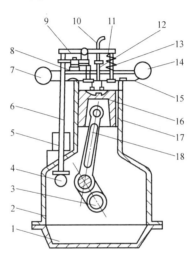

图 4.2-19 柴油机的基本结构

1—机座;2—机体;3—曲轴;4—凸轮轴;5—高压泵;6—挺杆;7—进气管;
8—进气门;9—摇臂;10—高压油管;11—气门弹簧;12—喷油嘴;13—排气门;
14—排气管;15—缸盖;16—活塞;17—缸套;18—连杆

1) 曲柄连杆机构(包括:箱体、曲轴、连杆、活塞、缸套、缸盖等零部件)。

2) 配气机构(包括:凸轮轴、进排气门、挺柱、摇臂等量部件)。

3) 传动机构(包括:所有传动齿轮及皮带轮等零部件)。

4) 润滑系统(包括:机油泵、机油池、机油管道、机油滤等零部件)。

5) 供油系统(包括:高压泵、喷油器、柴油滤、柴油管路等零部件)。

6) 冷却系统(包括:水泵、风扇、散热器、冷却水管路等零部件)。

7) 启动系统(包括:启动电机、充电发电机、电瓶等零部件)。

8) 监控系统(包括:转速表、温度表、压力表以及相应的传感器等零部件)。

9) 增压系统(包括:废气涡轮增压系统和机械增压系统)。

(5) 柴油机的基础组件

柴油机的基础组件是指柴油机工作过程中保持相对静止的零部件,道依茨风冷柴油机的基础零部件主要包括:曲轴箱、汽缸套、汽缸盖、油底壳、曲轴箱、呼吸器、挺柱座、飞轮壳和附件托架等(图4.2-20、图4.2-21)。

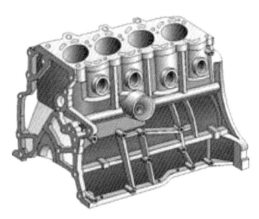

图 4.2-20 汽缸体

(6) 柴油机的曲柄连杆机构

曲柄连杆机构是发动机实现工作循环,完成能量转换的主要运动零件。它由机体组、活塞连杆组和曲轴飞轮组等组成。在作功行程中,活塞承受燃气压力在汽缸内作直线运动,通过连杆转换成曲轴的旋转运动,并从曲轴对外输出动力。而在进气、压缩

图 4.2-21 汽缸盖

和排气行程中,飞轮释放能量又把曲轴的旋转运动转化成活塞的直线运动。柴油机曲柄连杆机构,见图 4.2-22。

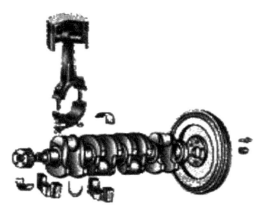

图 4.2-22 曲柄连杆机构

(7) 柴油机的配气机构

配气机构的功用是根据发动机的工作顺序和工作过程,定时开启和关闭进气门和排气门,使可燃混合气或空气进入汽缸,并使废气从汽缸内排出,实现换气过程。配气机构大多采用顶置气门式配气机构,一般由气门组、气门传动组和气门驱动组组成。

配气机构的基本组成情况见图 4.2-23、图 4.2-24。

(8) 柴油机的传动机构

传动机构的作用是将一部分曲轴动力传递给维持柴油机正常工作所必需的附件,如驱动配气机构、喷油泵、风扇、机油泵等以及其他辅助部件-如空压机、液压泵等。道依茨风冷柴油机的

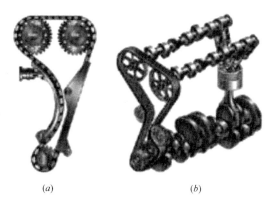

图 4.2-23 配气机构

(a) 链条传动;(b) 齿带传动

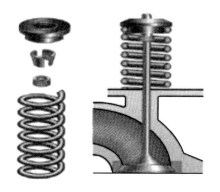

图 4.2-24 气门组

传动机构如图 4.2-25 所示。

(9) 柴油机的润滑系统

柴油机润滑系统的功用是把清洁、具有一定压力和温度的润滑油送到各运动部件的摩擦表面进行强制润滑和散热,以保证柴油机运动部件能够可靠的工作。

润滑系统的主要作用:

1) 润滑作用

对运动零部件进行润滑,在运动件摩擦表面形成油膜,避免

图 4.2-25 道依茨风冷柴油机传动机构示意图

金属直接接触,从而减少了零部件之间的摩擦和磨损,提高了零部件的使用寿命,同时也减少了摩擦损失,提高了机械效率。

2)净化作用

利用润滑油冲洗零件表面,带走摩擦时产生的金属细沫和杂质,从而避免它们对零部件表面的进一步磨削作用。

3)密封作用

利用润滑油的黏性附着于运动件表面,提高零件的密封效果。例如:活塞和缸套壁之间保持一层油膜,可以防止燃气侵蚀,增强活塞的密封作用。活塞环上的油膜也可以起密封作用。

4)冷却作用

由于运动件相互之间的摩擦,会产生大量的热。不断循环的润滑油可以带走大量的摩擦热量,从而保证了运动部件的正常温度。满负荷工作时,润滑油的放热总量可占冷却系统热量的20%~25%。对于强化柴油机,还需要对活塞底部进行喷机油冷却。

5）防锈作用

润滑油附着于零部件表面，可以防止零件与空气或燃气接触而产生锈蚀。

6）柴油机润滑系统由下列部件组成：

柴油机油底壳（或外接油箱）、机油进油管、机压油油泵、机油滤、机油散热器、主油道（主油道调压阀）、各润滑点、集油池、回油泵（油底壳或外接油箱）。

7）润滑系统的基本形式：

① 飞溅润滑：由曲柄连杆机构等运动件旋转式将机油飞溅到相应的润滑点。

② 混合润滑：压力润滑和飞溅润滑的结合。

由此可见，润滑系统在柴油机的运转中起着非常重要的作用。如果没有润滑系统，柴油机主要运动件将不能运转。良好的润滑是柴油机正常运转的先决条件。

（10）柴油机的供油系统

柴油机的供油系统，是柴油机最重要的系统之一，它是柴油机可以将燃油的化学能转换为机械能的心脏。为使柴油机能够连续不断的正常工作，除必须向各缸定时提供新鲜空气外，还必须定时定量的向各缸提供燃油，并使燃油形成可燃混合汽。柴油机燃油供给系统的作用就是按照柴油机的工作要求，定时、定量和按序地向各缸燃烧室提供干净、清洁的燃油。并使燃油按照燃烧理论要求达到所需的雾化程度，与汽缸内空气混合形成可燃混合汽，自行着火燃烧，实现燃油化学能向热能的转化。

柴油机的供油系统由下列组件组成（图 4.2-26）。

油箱、油管、柴油粗滤、手油泵、输油泵、柴油精滤、喷油泵、高压油管、喷油器、（燃烧室）、回油管、（油箱）。

着科技的发展和对环保越来越高的要求，柴油机使用的柱塞式喷油泵正在逐步被高压共轨电控喷油系统取代。

（11）发动机的冷却系统

冷却系的功用是将发动机受热零件吸收的部分热量及时散发

图 4.2-26 柴油机的供油系统

出去,保证发动机在最适宜的温度状态下工作。

发动机的冷却方式有风冷系统和水冷系统两种形式。水冷发动机的冷却系通常由冷却水套、水泵、风扇、水箱、节温器等组成。风冷柴油机的冷却系统由风扇、机油散热器、缸套和缸盖散热片及风压室等零部件组成(图 4.2-27)。

发动机的冷却系统非常重要,如果没有冷却系统,发动机将不能正常工作。

(12) 柴油机的启动系统

柴油机工作后可以对外输出功率,但柴油机如果没有外力作用,绝对不能自行启动工作。因此,要使柴油机开始工作,必须使用外力强制启动柴油机。目前常用的启动方法有下列四种形式:

1) 手摇启动——主要用于小型单缸柴油机。

2) 启动电机启动——使用广泛、大、中、小项柴油机都可以使用。

3) 启动汽油机启动——大功率柴油机的(拖拉机或工程机

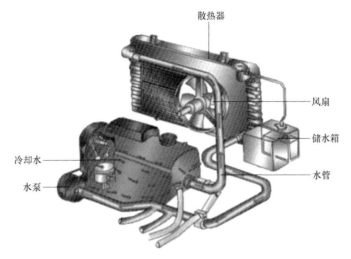

图 4.2-27 水冷柴油机冷却系统的组成示意图

械)启动装置。

4) 空气启动——高压空气启动。空气压力达 1.5～3.0MPa。通过空气分配器在各缸膨胀冲程开始点喷入汽缸,压缩活塞向下运动而启动柴油机。特种用途或大型柴油机使用。

道依茨风冷柴油机使用启动电机起动方式。柴油机启动转速约 100 转/分。一般柴油机的启动转速为 100～250 转/分。

道依茨风冷柴油机的启动系统主要由启动电机、火焰加热塞系统、启动系统辅助件、蓄电池等组成。

(13) 柴油机的增压系统

为了提高柴油机的功率,也即在相同的汽缸工作容积下,使柴油机发出尽可能多的功率,这就要求有尽可能多的空气和燃油进入汽缸。在自然进气条件下,这就要求进气道和缸套尽量大一些。由于受到结构方面的限柴油机的进气道和缸套不可能做到无限大。因此,增压技术应运而生。柴油机增压技术是在进气管前上加装一个压气机,将新鲜空气加压后送入汽缸,使汽缸内空气密度增大,进而可以增加喷油量,达到提高柴油机输出功率的最终目的。

柴油机采用增压技术后，不仅提高了柴油机的输出功率，降低了燃油消耗，并且大大降低了柴油机排气中有害气体的排放。因此，柴油机采用增压技术是今后柴油机发展的主要方向之一。

按照压气机的驱动方式，增压系统可分为：机械增压系统、废气涡轮增压系统和二级增压系统等多种形式。使用最为广泛的是废气涡轮增压系统。

废气涡轮增压系统由涡轮机、压气机、中冷器等部件组成，其基本结构与工作原理如图 4.2-28 所示。

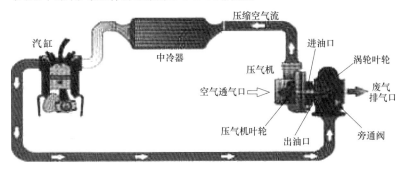

图 4.2-28　废气涡轮增压系统

4.2.3　工程车车底部部件

1. 传动机构

（1）传动机构概述

机车传动机构的作用是将机车动力装置的功率最后传递给轮对。根据机车传动方式不同，其传动机构也有所不同。

电传动机车的传动机构是一种减速装置，实现高转速、小扭矩的牵引电动机驱动阻力矩较大的动轴。

机械传动机车的传动机构是由离合器、变速箱、传动轴、固定轴、换向分动箱、车轴齿轮箱等主要部件组成。

液力传动机车的传动机构由传动箱、万向节、传动轴、固定轴、车轴齿轮箱等主要部件组成。图 4.2-29 是一种工程车的液力传动系统图。

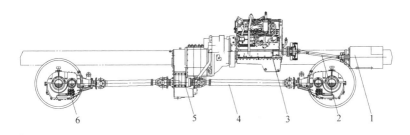

图 4.2-29　工程车的液力传动系统图

1—发电机；2—传动轴；3—发动机；4—传动轴；5—传动箱；6—车轴齿轮箱

（2）机械传动

机械传动工程车以柴油机为动力，通过离合器、变速箱、换向箱、传动轴、车轴齿轮箱等部件完成动力传递。机械传动方制造成本低、维修难度小、操作便利，广泛应用于功率 270kW（360 马力）以下的工程车。但这种传动方式的缺点是部件多，故障多，维修工作量大，不能满足大功率工程车的需要。

机械传动工程车传动系统主要由离合器、变速箱、换向箱、传动轴、车轴齿轮箱等组成。见图 4.2-30 所示。

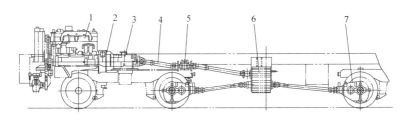

图 4.2-30　机械传动工程车传动系统

1—发动机；2—离合器；3—变速箱；4—传动轴；5—固定轴；
6—换向分动箱；7—车轴齿轮箱

1）离合器

① 离合器作用

切断或结合发动机输出的动力。将发动机的动力柔和的传递出去，起步停车或换挡时能使发动机与变速箱平稳的结合和暂时分离。

② 离合器结构

图 4.2-31 为 Lipe15/380-2LP 型离合器。该离合器是双片干式常接合摩擦离合器。压紧力产生方式为机械周置弹簧压合式。分离型式为拉型。摩擦衬片的材料为陶瓷合金。离合器本身为不可调结构，但装有一个可调分离套筒把分离杠杆与分离轴承连接起来，通过对此套筒的调整，可补偿摩擦衬片的磨损，保持踏板的自由行程不变。

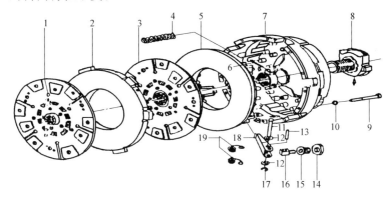

图 4.2-31 离合器结构示意图

1—前摩擦片；2—中压板；3—后摩擦片；4—压紧弹簧；5—后压板；6—开口销；7—离合器盖；8—分离轴承总成；9—紧固螺栓；10—弹簧垫圈；11—分离杠杆圆柱销；12—垫圈；13—小圆柱销；14—锁紧螺母；15—调整螺母；16—调整螺杆；17—卡环；18—分离杠杆；19—弹簧

③ 离合器的保养

离合器的保养主要包括分离轴承和分离叉轴的润滑、主要部位间隙的调整。

a. 分离轴承和分离叉轴的润滑可根据实际应用情况，适当补充锂基脂。

b. 离合器操纵机构的调整：分离拨叉和分离轴承的移动耳之间应保证 2～3mm 间隙，此间隙反映到离合器踏板上的自由行程是 40～60mm。使用过程中，由于后压板、中压板及从动盘摩擦片的磨损，会使离合器踏板的自由行程减少，应及时调整，使分离轴承移动耳之间的间隙恢复到3mm（即踏板的自由行程恢复到40～60mm）。如不及时调整就容易造成离合器打滑，这不仅降低了它所能传递的扭矩，同时还会加速从动盘摩擦片的磨损。

2）变速箱

变速箱是工程车传动系统中一个重要组成，工程车复杂的使用条件要求工程车的车速能在一定范围内变化，其基本功用是：改变发动机传到汽车驱动轮上的扭矩和转速；在发动机旋转方向不变的情况下，实现汽车倒向行驶；在离合器结合状态下，切断发动机与传动系统的动力联系。

① 变速箱结构

图4.2-32所示变速箱由一个具有5个前进挡、一个倒挡的主变速箱和一个具有高、低两挡的副变速箱组合而成的一个具有9个前进挡（1～8挡和一个爬行挡）和一个倒挡的整体式变速箱（5个前进挡和1个倒挡的主变速箱与1个高、低两挡的副变速箱组合出现10个前进挡和两个倒挡，然而由于高速爬行挡和高速倒挡没有意义，因此，从操纵机构上把这两个挡位摘除，从而形成9个前进挡和1个倒挡）。其主箱和副箱都采用双副轴结构，它们共用一个变速箱壳体，壳体内有一中间隔板将前箱和后箱划分为主箱和副箱。主箱两个副轴支承在变速箱前壳和中间隔板之间，主箱二轴前端插在1轴轴孔内，后端支承在中间隔板上。变速箱输出端有一个整体式端盖与变速器壳相连接，在变速箱壳体后端面上有两个定位销钉，以确保后端盖与壳体同轴度，副箱两根副轴即支承在中间隔板与后端盖之间，副箱输出轴用两盘锥轴承悬臂支承在端盖上。

② 变速箱动力传递

变速箱动力传递较为独特，且输入扭矩较大，动力从输入轴输入，分流于两根中间副轴，再汇聚于主轴输出，主箱的主轴就是副箱的输入轴，此时副箱在重复主箱的动力传递过程，最终将

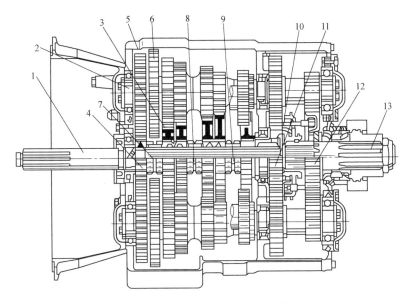

图 4.2-32 变速箱结构示意图

1—输入轴；2—中间轴；3—主轴；4—输入轴驱动齿轮；5—中间轴传动齿轮；6—中间轴轴动齿轮；7—三、四挡（七、八挡）滑动结合套；8—一、二挡（五、六挡）滑动结合套；9—倒挡、爬行挡滑动结合套；10—副箱输入轴驱动齿轮；11—高低挡同步器；12—低挡齿轮；13—输出轴

动力自副箱输出轴传出，此种传动方式由于每根中间轴只传递 1/2 的扭矩，改善了齿轮的受力，使齿宽减薄了 40%，缩短了变速箱的轴向长度，也给传动系统传递动力提供了方便。

③ 换向分动箱

换向分动箱具有改变车辆的行驶方向，传递动力到前后两个车轴齿轮箱的功能。换向分动箱的结构见图 4.2-33 所示。

换向分动箱为四轴、整体箱式结构，一轴上设有一个滑动齿轮，可利用换向滑杆带动拨叉拨动该齿轮，使之与齿轮 Z' 或齿轮 Z'' 相啮合，以获得车辆的正向或反向运动。

正向传动路线：将滑动齿轮 Z_1 拨到与齿轮 Z'_1 啮合，通过 Z'_1 与 Z_3 的常啮合带动齿轮 Z_3，通过 Z_3 与 Z_4 的常啮合带动齿

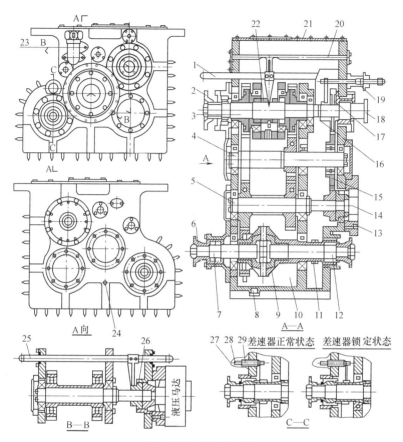

图 4.2-33 换向分动箱

1—换向滑杆；2—输入法兰；3—一轴；4—二轴；5—三轴；6—出法兰；7—前半轴；
8—放油塞；9—差速器；10—箱体；11—游动齿轮；12—后半轴；13—马达安装座；
14—马达驱动轴；15—甩油齿轮；16—滑动齿轮；17—过渡齿轮；18—花键轴；
19—取力离合操纵装置；20—定位杆；21—箱盖；22—滑动齿轮；23—透气孔；
24—油位螺栓；25—马达离合操纵装置；26—滑动齿轮；
27—拨叉杆罩；28—拨叉杆；29—拨叉杆销

轮 Z_4，齿轮 Z_4 带动差速器转动，通过差速器的作用，输出轴的前半轴和后半轴同步或异步传动输出。

反向传动路线：将滑动齿轮 Z_1 拨到与齿轮 Z_1'' 啮合，通过

Z''_1 与 Z_2 的常啮合带动齿轮 Z_2，通过 Z_2 与 Z'_3 的常啮合带动齿轮 Z'_3，齿轮 Z'_3 通过花键轴带动齿轮 Z_3，通过 Z_3 与 Z_4 的常啮合带动齿轮 Z_4，齿轮 Z_4 带动差速器转动，通过差速器的作用，输出轴的前半轴和后半轴同步或异步传动输出。

带低速走行功能或采用换向分动箱取力的换向分动箱安装有取力装置（包含一个滑动齿轮、花键轴和一套取力离合操纵装置），同时二轴增设一个甩油齿轮，与安装在取力装置花键轴上的过渡齿轮常啮合，可保证使用取力装置时轴承的润滑。需要使用取力装置时，操纵相应的取力控制开关控制相应电控阀，通过取力离合操纵装置带动滑动齿轮移动并可使其与一轴后端的花键齿啮合，把动力传给花键轴，从而实现动力输出。

带低速走行功能的换向分动箱的三轴后端安装有一个滑动接合套、马达驱动轴和马达离合操纵装置。操纵马达离合操纵装置，使滑动接合套同马达驱动轴的内齿啮合，当一轴上的油泵驱动轴带动油泵工作时，这时处于液压低速走行工况。

在换向分动箱的四轴上装有一套差速机构，不论前后驱动车轴因何原因产生的转速不一致，该差速器均能发挥差速作用，防止或减轻驱动车轮与钢轨的相对滑动，降低轮缘踏面磨耗。

在换向分动箱的四轴的后半轴处设置了一套差速器锁定装置。差速器锁定装置由拨叉杆罩、拨叉杆、拨叉杆销、拨叉及游动齿轮等组成。

如果在运用过程中，换向分动箱的某一输出端之后的传动部分发生故障或失效时，均可将差速器锁定，使换向分动箱的四轴由两根半轴变成刚性连接在一起，即变前、后半轴输出为单轴输出。

换向分动箱箱体上设有一个油位螺栓，用来检查润滑油油量。箱体上设有透气孔，可使箱体内与大气相通。

换向分动箱通过支座固定在底架中梁上，支承面有橡胶减振板，在使用时应经常检查固定螺栓是否紧固。

3）传动轴

万向节传动轴能适应输入和输出轴间的角度和长度的不断变化，其主要组成有万向节主、被动叉、十字轴、滚针轴承。图 4.2-34 为传动轴结构图。

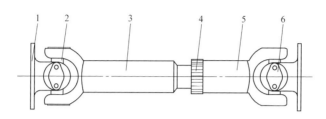

图 4.2-34 传动轴
1—突缘叉；2—十字节总成；3—花键轴总成；4—油封盖；
5—套管叉；6—锁片

传动轴在使用过程中，为了避免传动轴受外力撞击变形而失去平衡，影响使用寿命，应注意检查传动轴的弯曲、变形和平衡情况，必要时予以校正。如发现损坏严重时，应及时更换传动轴总成。

拆装传动轴时，应注意套管叉和花键轴的相对位置，必须保证套管叉与花键轴上的叉轭在一个平面内，传动轴在出厂前已做过动平衡试验，在套管上焊有平衡块，因此，在拆装时要做好标记，原样装好，以免破坏传动轴的平衡。十字轴应能在轴承内自由转动，不应有卡滞现象。

传动轴每行驶 1500km 应进行一次 3 号锂基润滑脂补充，以保证十字轴与滚针轴承、花键套与花键轴等摩擦副的润滑，同时要经常检查连接螺栓、保险垫片的状态是否正常以及传动轴的万向节、十字轴及花键轴的磨损情况。

4）车轴齿轮箱

① 车轴齿轮箱的结构

车轴齿轮箱是整个传动系统中的最后部分。它的作用是传递和增大到车轮的扭矩，并将绕车体纵轴的转动变成绕车轴轴线的转动。

车轴齿轮箱由上箱体、下箱体、前箱体、锥齿轮和圆柱齿轮等构成。

车轴齿轮箱为二级减速，第一级为圆锥齿轮传动，第二级为圆柱齿轮传动。上箱体上设有观察孔，可用以检查锥齿轮啮合情况。上箱体上设有透气孔，可使箱体内与大气相通和兼作加油口使用。下箱体的油底壳上设有一个放油孔，平时用油堵封闭。下箱体后部侧面设有两个螺孔，用来检查润滑油油量。

齿轮油泵能够完成正反向的泵油，满足车辆前进、后退两种工况。换向阀中有四个球阀，球阀的交互开启、关闭完成换向功能。

车轴齿轮箱前端设有悬挂装置，通过吊杆及悬挂支座与车架连接，悬挂支座上装有减振装置，以适应可能出现的相对运行及吸收运行中的冲击负荷。使用过程中，应经常检查车轴齿轮箱的悬挂高度，必要时进行调整。

② 车轴齿轮箱的保养及维修

车轴齿轮箱采用油泵供油润滑和齿轮飞溅润滑相结合的方式，前箱体和滚动轴承主要依靠油泵供油润滑。

车轴齿轮箱内装有润滑油，使用过程中应经常检查油量是否满足要求，油中杂质含量是否超标，必要时添加或更换润滑油。

新车走合期满后应换油一次，以后每运行 6000km 或使用半年换油一次。放油时应在油温未降低时进行。放净后用柴油或煤油冲洗壳体及齿轮，清洗油底壳放掉清洗油后加入新油，加油时应过滤以保持润滑油的清洁。

（3）液力传动

液力传动工程车是以柴油机为动力，通过柴油机曲轴与液力变速箱或液力变矩器输入轴相连，将动力传递到液力变速箱或液力变矩器输出轴，再通过万向传动轴将动力传递至车轴齿轮箱、车轴和车轮。液力传动式工程车具有无级变速、操纵简单、启动加速平稳、牵引性能良好、工作可靠性好、使用寿命长等优点多用于240kW以上工程车（大功率车辆）。缺点是液力变速箱或液力变矩器制造技术含量高、造价高、维修保养要求高、机械效率低。

液力传动工程车传动系统主要由液力变速箱（或液力变矩器）、传动轴、车轴齿轮箱等组成。

1）液力变速箱（或液力变矩器）

① 基本工作原理

当发动机启动后，液力变矩器的泵轮被带动高速旋转，此时向变矩器里充进工作油，就会被高速转动的泵轮叶片带动一起转动。由于离心力的作用，使工作油从泵轮叶片流出时具有很高的压力和流速。这样的工作油冲出涡轮叶片，使涡轮与泵轮以相同方向转动，通过齿轮把发动机的输出功率最后传到机车动轮上，使机车运行。当机车启动或低速运行时，液力变矩器中的涡轮转速很低，工作油对涡轮叶片的压力很大，从而满足了机车牵引力大的要求；当涡轮转速随着行车运行速度的提高而加快时，工作油对涡轮叶片的压力也逐渐减小，正好满足高速行车时对牵引力小的要求。由此，发动机发出的大小基本不变的扭矩，经过变矩器后就能变成满足机车牵引要求的机车牵引力。当车辆需要惰性运行或制动时，司机只需操纵手柄，将变矩器中的工作油排出，让它流回油箱，使泵轮和涡轮之间失去联系，发动机的功率就不能传给机车的动轮了。

工作油作为传递能量的介质，从泵轮上得到高压、高速的能量，传到涡轮，从涡轮叶片流出后，经导向轮叶片的引导，又重新回到泵轮。就这样，工作油从泵轮→涡轮→导向轮→泵轮，组成一个循环圆结构，如此往复循环，不断地把发动机的功率传输给机车动轮。

② 组成结构

液力变矩器主要由可旋转的泵轮4、涡轮3和导轮5三个元件组成。泵轮通过泵轮轴、齿轮等与发动机的曲轴相连；涡轮通过涡轮轴、齿轮等与车辆的动轮相连；导向轮固定在变矩器的壳

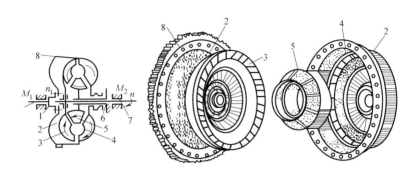

图 4.2-35 液力变矩器构造简图
1—发动机曲轴；2—变矩器壳；3—涡轮；4—泵轮；5—导轮；
6—导轮固定套筒；7—从动轴；8—启动齿圈

体上（图 4.2-35）。

2）车轴齿轮箱

① 车轴齿轮箱的结构

车轴齿轮箱是整个传动系统中的最后部分。它的作用是传递和增大到车轮的扭矩，并将绕车体纵轴的转动变成绕车轴轴线的转动。

其车轴齿轮箱的输入端与液力传动箱输出端用万向轴连接在一起，通过齿轮传动最终驱动轮对。车轴齿轮箱有一级车轴齿轮箱（Ⅰ轴）和二级车轴齿轮箱（Ⅱ轴）。二级车轴齿轮箱（标识：0306 型）为双级减速，第一级是高速级传动；第二级是低速级传动。一级车轴齿轮箱（标识：0307 型）是低速级传动（图 4.2-36、图 4.2-37）。

② 结构

二级车轴齿轮箱的低速级传动和一级车轴齿轮箱相同。以下仅以二级车轴齿轮箱说明其结构及调整。

车轴齿轮箱箱体为开式，由上、中、下箱体组成，箱壁上开有润滑油道，润滑油通过箱壁油道对滚动轴承润滑。上箱及中箱各装有一个通气孔，可使箱体内与大气相通和兼作加油口使用。

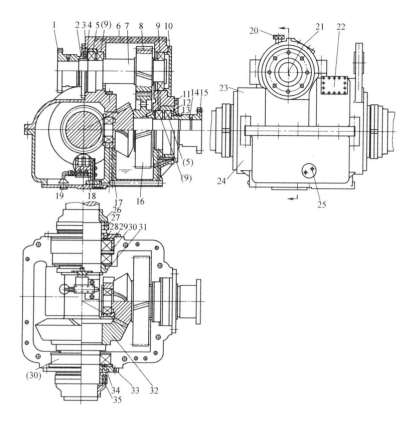

图 4.2-36 二级车轴齿轮箱
1—输入法兰；2—油封盖；3—密封圈；4—挡油板；5—轴承；6—上箱体；
7—第一轴；8—主动斜齿轮；9—轴承；10—端盖；11—油封盖；
12—挡油板；13—密封圈；14—齿轮轴；15—输出法兰；
16—被动斜齿轮；17—轴承；18—齿轮泵；19—放油螺塞；20—透气孔；
21——轴检查孔；22—二轴检查孔；23—中箱体；24—下箱体；
25—油位螺钉；26—钢套；27—圆螺母；28—密封圈；
29—轴承；30—轴承；31—油泵齿轮；32—螺旋锥齿轮；
33—挡油板；34—油封盖；35—紧套

上箱体、中箱体上均设有一个检视孔，用以检查齿轮啮合情况。下箱体后部侧面有两个油位螺钉，用来检查润滑油油量。下箱体

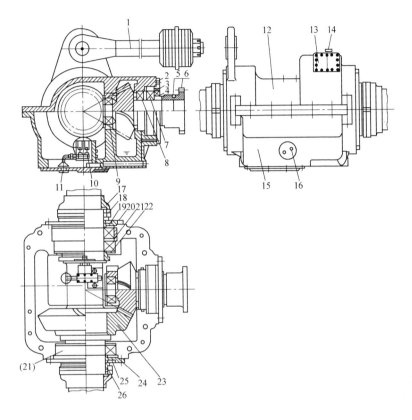

图 4.2-37　一级车轴齿轮箱
1—拉臂总成；2—油封盖；3—密封圈；4—挡油板；5—齿轮轴；6—输入法兰；
7—轴承；8—轴承；9—轴承；10—齿轮泵；11—放油螺塞；12—上箱体；
13—检查孔；14—透气孔；15—下箱体；16—油位螺钉；17—钢套；
18—圆螺母；19—密封圈；20—轴承；21—轴承；22—油泵齿轮；
23—螺旋锥齿轮；24—油封盖；25—挡油板；26—紧套

及油底壳上各有一个放油孔，平时用油堵封闭。

车轴齿轮箱共有三根轴。即第一轴（输入轴）、第二轴（中间轴）和第三轴（车轴）。第一轴上安装有输入法兰及小斜齿轮，法兰一侧装有一个向心球轴承，用以承受轴向力。中间轴位于中、下箱体的分箱面上。中间轴为螺旋齿轮轴，外侧压装一个大斜齿轮，与第一轴上的小斜齿轮啮合。

③ 油泵及润滑

齿轮油泵能完成正反向的泵油，满足前进、后退两种工况的需要。换向阀中有四个球阀，球阀的交互开启、关闭完成换向功能。

车轴齿轮箱采用飞溅润滑和压力油润滑两种方式；当低速运行时主要由油泵提供润滑油各润滑点，保证润滑和带走热量；中高速运行时，啮合齿轮飞溅起来的油被收集在上箱的集油槽内，流向各润滑点。

车轴齿轮箱内装有润滑油，使用过程中应经常检查油量是否满足要求，油中杂质含量是否超标，必要时添加或更换润滑油。

（4）电传动

电传动工程车采用交-直流电传动，具有功率大、牵引能力强、技术先进、大修周期长、维修方便、运用成本低等优点，但整车构造复杂，制造成本高。电传动工程车传动系统主要由同步牵引发电机、整流装置、牵引电动机等组成。目前，南宁地铁1号线电传动工程车，本节只做简要概述。

2. 基础制动装置

机车进站要停车，或者遇到紧急情况要求紧急停车，或者在下长大坡道要控制速度等，都需要在机车上设制动装置，以提供必须的制动力。内燃机车上一般除了装有空气制动装置外，还有其他制动装置。如电传动内燃机车上装有电阻制动装置，液力传动机车上装有液力制动装置。此外还有停车状态时的手制动装置。

地铁工程车上都装有空气制动装置和手制动装置。空气制动装置和手制动装置都是通过基础制动装置最后作用在轮对上的。

基础制动装置的作用是将制动缸鞲鞴的推力（或者手制动装置手柄上的力）经杠杆系统增大后传给闸瓦压紧轮箍，通过轮轨粘着产生制动（图 4.2-38）。

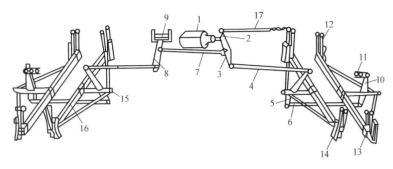

图 4.2-38 传统的"散开式"基础制动装置
1—制动缸；2—活塞推杆；3—制动杆移动杠杆；4—上拉杆；5—移动杠杆；
6—下拉杆；7—联结拉杆；8—制动缸固定杠杆；9—制动缸固定杠杆托；
10—固定杠杆；11—固定杠杆支点；12—闸瓦托吊；13—闸瓦托；
14—闸瓦；15—制动梁支柱；16—制动梁；17—手制动拉杆

基础制动有单侧制动和双侧制动之分。每个轮对有四块闸瓦分别挂在车轮的两侧，称双侧制动；每个轮对只有两块闸瓦分别挂在左右车轮的一侧，称单侧制动。

单侧制动构造简单且容易布置，但制动时轴箱受力不平衡，闸瓦压力大，单位面积发热量大，摩擦系数低，制动效果比双侧制动差。一般在小功率、速度低的机车上采用单侧制动，大功率、高速度机车采用双侧制动。

基础制动装置由于经常使用，必然产生磨损，致使轮瓦间隙不断增大，这样制动缸鞲鞴行程会增加，因而降低了制动效果。为此，必须调节基础制动拉杆，使闸瓦接近车轮踏面。

一般同一轮对左右两侧的制动杠杆托架上安装有横向连接拉杆以限制闸瓦制动时横向窜动，防止闸瓦偏磨。

当闸瓦磨耗到厚度小于规定值时必须更换，而且同一轮对上的闸瓦应同时更换。

3. 停车制动及手制动

（1）停车制动系统

1）弹簧停车制动器的作用原理

弹簧停车制动器的作用原理是：当压缩空气进入弹簧制动

缸，鞲鞴使弹簧压缩，停车制动缓解；当弹簧制动缸的压缩空气排大气时，弹簧伸长推动制动缸鞲鞴向下运动，带动间隙调整器实现制动作用；当没有压缩空气而需要缓解机车时，可拉动缓解拉环，使棘轮与棘爪之间的锁闭脱开，以获得机械式快速缓解。

2）弹簧停车制动器的注意事项

① 机车在无火回送或调车以后与其他车辆混编在一起时，必须接上列车管，并开通无动力装置，使机车能通过列车管向总风缸充风，当总风缸风压达到450kPa以上时，方可启动。

② 弹簧停车制动器未缓解时，严禁动车。

③ 在总风缸无风时，弹簧停车制动器产生制动作用，动车前，可以利用手动缓解扳手进行缓解。

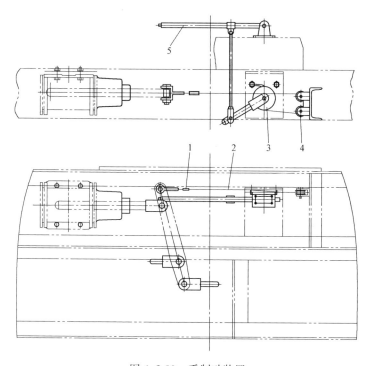

图4.2-39 手制动装置

1—绳夹；2—钢丝绳；3—棘轮；4—滑轮；5—手制动操纵机构

④ 在总风缸无风时，弹簧停车制动器仅能实现一次制动和一次手动缓解作用。手动缓解后若需再制动，必须向总风缸充风，使总风缸风压达到450kPa以上，或者采用铁鞋等其他制动方式，以确保运用机车安全。

（2）手制动装置简介

手制动装置一般用于对停放在线路上的车辆施以制动，以防溜车。

本车设有一套手制动装置，如图4.2-39所示。手制动装置由棘轮、棘爪式制动器、钢丝绳、滑轮、钢丝绳夹等组成。施行手制动时，上下往复拉动操纵手把，使棘轮转动，拉紧钢丝绳，带动制动杠杆系统产生制动作用。按下操纵手把顶端的限位按钮，放下操纵杆，棘爪脱离棘轮，棘轮随扭簧反拨力逆转，钢丝绳松开，手制动缓解。

使用过程中，应经常检查系统各部是否损坏，定期给各转动副加注润滑脂，保证系统运用状态良好。

（3）平板车手制动装置

1）平板车手闸状态

使用折叠式手闸，须在停车时竖起闸杆，确认套筒落下，月牙板关好，插销上好后方可使用（图4.2-40）。注意检查手闸链条良好，处于拉紧状态（图4.2-41）。

2）制动试验或动车前须确认手闸链条处于松弛状态（图4.2-42），确认套筒落下，月牙板关好（图4.2-43）。

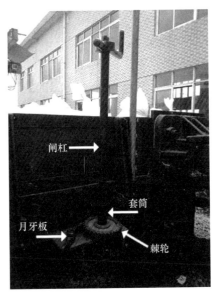

图4.2-40 手闸制动状态

图 4.2-41 手闸链条拉紧状态

图 4.2-42 手闸链条松弛状态

图 4.2-43 手闸缓解状态

图 4.2-44 手闸横卧状态

3）因运输超长货物需要（如长轨）或因需打开平板车端板，平板车手闸可处于横卧状态（如图4.2-44所示），但要确认闸杠稳固卡在支架凹槽位，卸载完毕或端板关闭后要及时恢复闸杆竖起状态，确认套筒落下，月牙板关好。

4）平板车手闸操作程序

① 缓解平板车手闸时，先打开月牙板，提起套筒，逆时针旋转闸杠，确认手闸链条处于松弛状态，套筒完全落下，最后关闭好月牙板；

② 需要拧紧手闸时，先打开月牙板，提起套筒，顺时针旋转闸杠，确认手闸链条处于拉紧状态，套筒完全落下，最后关闭好月牙板；

③ 运送超长货物（如长轨）或因需打开平板车端板时，先

打开月牙板，提起套筒，逆时针旋转闸杠，确认手闸链条处于松弛状态，把闸杠横卧至支架凹槽位，手动确认稳固状态。

5）平板车手闸存在的危险源及防范措施

① 危险源：

a. 手闸套筒未套好或只套住部分闸杠，由于机车运行时振动导致套筒不起固定闸杠的作用，致使闸杠倒下造成侵限，刮坏设备；

b. 运送超长货物（如长轨）或因需打开平板车端板时，手闸闸杠处于横卧状态，在施工卸载时候，如果施工人员不小心或不注意，手闸手柄容易压断手闸。

② 防范措施

a. 调车员使用手闸时，要确认套筒完全落下，司机做好提醒和监控。

b. 运送超长货物（如长轨）或因需打开平板车端板时，添乘人员手动确认手闸横卧状态是否稳固。

c. 运送超长货物（如长轨）或因需打开平板车端板时，车长提醒施工人员手闸处于横卧状态，卸载完毕或端板关闭后要及时恢复闸杆竖起状态，确认套筒完全落下，月牙板关好。

d. 举一反三，做好机车车辆的出车前状态检查，防止意外的发生。

e. 平板车在开车前整备作业时，司机应加强检查手闸支架凹槽焊接处状态，发现裂纹、变形、松脱等现象及时报修。同时，对闸杠转向支点销进行检查，防止因支点销断裂、暗伤造成振动后的脱落。

4. 风缸种类及作用

工程机车的风缸种类繁多，各个风缸都起着不同的作用。主要有：

（1）总风缸

用于储存压力空气，供列车制动系统和其他风动装置使用。

（2）副风缸

副风缸是检修作业车、工程车上的列车管在充风增压时储存压力空气的容器。在列车减压时把压力空气经三通阀送入制动缸，并通过基础制动装置对检修作业车、工程车进行制动。

（3）均衡风缸

均衡风缸受自动制动阀的控制。它的压力变化，取决于自动制动阀手柄的作用位置，从而控制中继阀的动作。

（4）过充风缸

自动手柄在过充位时，总风进入过充风缸和中继阀可实现列车管的过充压力。

（5）工作风缸

用于控制分配阀的主阀的制动、保压、缓解。

（6）降压风缸

用于控制分配阀副阀的动作，同时还有另一个用途，促进主阀加速缓解。

（7）紧急风缸

用于控制分配阀的紧急放风阀的动作。

（8）作用风缸

用于控制作用阀的制动、保压、缓解。

（9）制动缸

将空气压力转化为压迫车轮的闸瓦压力。

4.2.4 制动系统

1. JZ-7 型制动机

（1）JZ-7 型制动机的特点及参数

1）JZ-7 型机车制动机的主要特点

① JZ-7 型机车制动机既能用于客运机车，也能用于货运机车。客车位能阶段缓解，货车位为一次缓解。

② 该型制动机属于自动保压式，即列车管减压后可自动保压。

③ 自动制动阀所设操纵位置：过充位、运转位、最小减压位—最大减压位、过量减压位、手柄取出位和紧急制动位。

④ 结构上采用橡胶膜板和带有 O 型橡胶密封圈的柱塞结构,便于制造和检修。

⑤ 分配阀采用了二压力与三压力混合形式的机构,既具有阶段缓解作用,又具有一次缓解作用。同时,当制动缸泄漏时能自动补风,具有良好的制动不衰性。实施紧急制动制动缸可增压。

⑥ 为适应长大货物列车的需要设有过充位,以缩短列车管、副风缸初充气和再充气的时间。

2）基本参数

JZ-7 技术参数见表 4.2-1、自动制动性能见表 4.2-2、自动制动阀结构见图 4.2-45。

JZ-7 技术参数　　　　　　　　　　　表 4.2-1

技 术 项 目	技术要求
全制动位最高制动缸压力(kPa)	300
全制动位制动缸自 0 升到 280kPa 的时间(s)	3s 以内
运转位制动缸自 300 降至 35kPa 的时间(s)	4s 以内

自动制动性能表　　　　　　　　　　表 4.2-2

技 术 项 目	技术要求
分配阀工作风缸初充气自 0 上升到 460kPa 的时间(s)	50～60
分配阀降压风缸初充气自 0 上升到 480kPa 的时间(s)	55～65
列车管有效局减量(kPa)	25～35
单机列车管减压 20kPa 前应发生局减作用,同时主阀动作	局减开始,制动缸升压
常用全制动后阶段缓解次数	不少于 5 次(客车位)
均衡风缸自 500kPa 常用减压至 360kPa 的时间(s)	5～7
常用全制动制动缸最高压力(kPa)	340～360
常用全制动制动缸升压时间(s)	5～7
制动缸自 350kPa 缓解至 35kPa 的时间(s)	5～8
紧急制动列车管压力排至 0 的时间(s)	3s 以内
紧急制动后,制动缸最高压力(kPa)	420～450
紧急制动后,制动缸升至最高压力的时间(s)	5～7

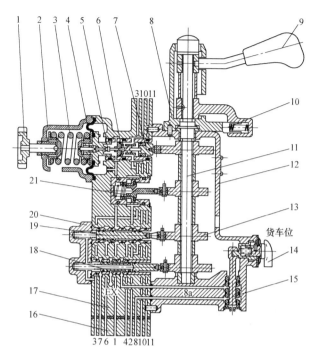

图 4.2-45 JZ-7 自动制动阀结构原理

1—调整手轮；2—调整阀盖；3—调整弹簧；4—调整阀膜板；△5—排气阀；△6—供气阀；7—调整阀柱塞；8—盖；9—手柄；10—手柄定卡；11—手柄轴；12—凸轮盒；13—凸轮；14—转换手柄；15—客货车转换阀；△16—管座；△17—阀体；△18—缓解柱塞阀；△19—重联柱塞阀；20—前盖；△21—旋风阀管号；△1—均衡风缸管；△2—列车管；△3—总风缸管；△4—中均管（即中继阀均衡风缸管）；△6—撒砂管；△7—过充管；△8—总风阀管；△10—单独缓解管；△11—单独作用管；△—检查清洁度部位

（2）JZ-7 结构性能及作用

1）JZ-7 型机车制动机的构造

JZ-7 型机车制动机由自动制动阀、单独制动阀、中继阀、分配阀、作用阀、均衡风缸、工作风缸、降压风缸、作用风缸、制动缸等组成。

2）JZ-7 型机车制动机的结构

① 自动制动阀

自动制动阀系自动保压式，设有过充位、运转位、最小减压位及常用制动区、过量减压位、手把取出位及紧急制动位。

自动制动阀由调整阀、放风阀、重联柱塞阀、缓解柱塞阀、二位阀、阀体及管座等部分组成。

a. 管座（图 4.2-46）：管座上设有 9 根管路：（a）均衡风缸；（b）列车管；（c）总风管；（d）中均管；（e）撒砂管；（f）过充管；（g）遮断阀管；（h）单独缓解管；（i）单独作用管。

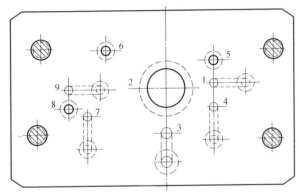

图 4.2-46　制动阀管座上的管路布置图
1—均衡风缸管；2—列车管；3—总风管；4—中均管；5—撒砂管；
6—过充管；7—总风缸遮断阀管；8—单独缓解管；
9—单独作用管

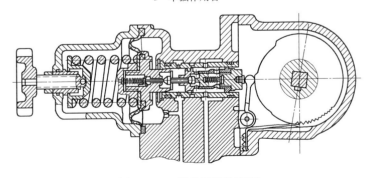

图 4.2-47　调整阀结构原理

b. 调整阀：该阀是用以控制均衡风缸压力变化的。其结构上采用橡胶膜板密封和柱塞双向止阀结构，其作用稳定性和灵敏性较高（图4.2-47）。

c. 放风阀如图4.2-48所示，由放风阀阀杆、阀座及阀弹簧组成，在紧急制动位时，放风阀开启，排出列车管压力。

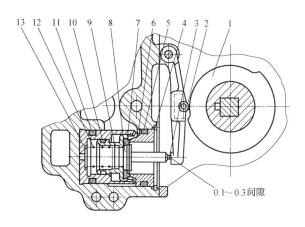

图4.2-48 放风阀结构

1—放风阀凸轮；2—放风阀杠杆；3—柱塞头；4—弹簧挡圈；5—○形圈；
6—放风阀座；7—放风阀胶垫；8—放风阀杆；9—放风阀；10—○形圈；
11—○形圈；12—放风阀弹簧；13—放风阀套

d. 重联柱塞阀的结构如图4.2-49所示，主要由柱塞、套、柱塞弹簧"○"形圈等组成。重联柱塞有三个作用位：

（a）自阀手把在1～5位（过充位、运转位、最小减压位及常用制动区、过量减压位）的任何位时，柱塞沟通均衡风缸管1和中均管4，由均衡风缸的压力变化来控制中继阀动作，此时列车管2和撒砂管5被关闭。

（b）自阀手把置6位（手把取出位），柱塞将列车管2和中均管4沟通，中继阀锁闭，此时，均衡风缸管1与撒砂管关闭。

（c）自阀手把置7位（紧急制动位），柱塞将总风与撒砂管5沟通，其余通路与6位相同。

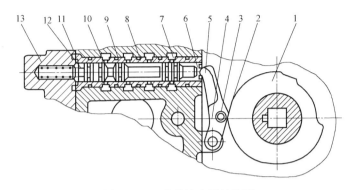

图 4.2-49 重联柱塞阀结构图

1—重联柱塞凸轮；2—滚轮；3—滚轮销；4—转销；5—放大杠杆；6—柱塞头；
7—柱塞○形圈；8—○形圈；9—重联柱塞阀套；10—重联柱塞阀柱塞；
11—柱塞弹簧；12—○形圈；13—前盖

缓解柱塞阀的结构如图 4.2-50 所示，主要由柱塞、套、柱塞"○"形圈、弹簧等组成。

e. 缓解柱塞阀有三个作用位：

（a）自阀手把在 1 位（过充位），柱塞将总风与过充管（7）

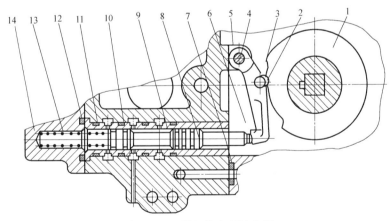

图 4.2-50 缓解柱塞阀结构图

1—缓解柱塞阀凸轮；2—滚轮；3—滑轮销；4—转销；5—放大杠杆；6—柱塞头；
7—胶垫；8—缓解柱塞阀柱塞；9—缓解柱塞阀套；10—柱塞○形圈；
11—套○形圈；12—○形圈；13—柱塞弹簧；14—前盖

沟通，中继阀能使列车管得到比原规定压力高30～40kPa的压力。同时将二位阀的（8a）管与大气沟通。

（b）自阀手把在2位（运转位），总风通管的通路被柱塞切断，（8a）管仍通大气。

（c）自阀手柄在3～7位（最小减压位及常用制动区、过量减压位、手把取出位及紧急制动位）间，柱塞将（8a）管与总风联通，视客、货转换阀所在位置，控制总风遮断阀的开关，同时过充管6通大气。

② 客、货车转换阀

客、货车转换阀用以关闭或开启中继阀的总风遮断阀，在"客车位"时，自阀无论在何位置，总风遮断阀总是开启的；在"货车位"时，自阀手把在1～2位，总风遮断阀开启，自阀手把在3～7位时，总风遮断阀则关闭（图4.2-51）。

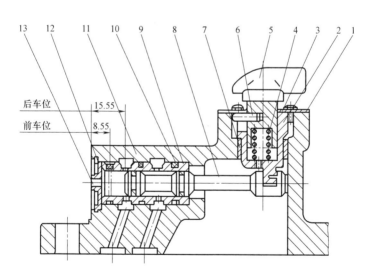

图4.2-51 客、货车转换阀结构图
1—指示牌；2—偏心杆；3—半沉头螺钉；4—手柄弹簧；5—转换按钮；6—销；
7—手柄套；8—二位阀柱塞；9—阀套；10—柱塞○形圈；
11—套○形圈；12—弹性挡圈；13—挡盖

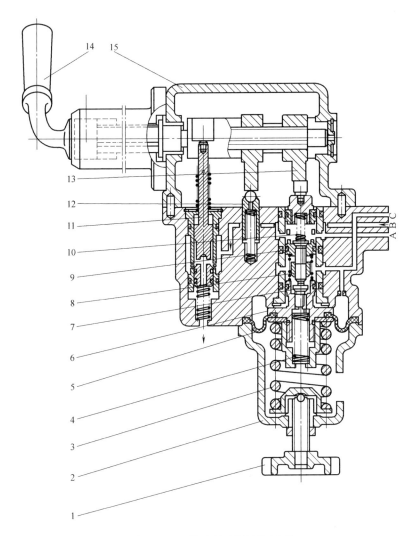

图 4.2-52 单独制动阀结构原理

1—调整手轮；2—调整阀盖；3—调整阀弹簧；4—排气阀弹簧；5—调整阀膜板；
6—调整阀座；7—排气阀；8—供气阀；9—供气阀；10—供气阀弹簧；
11—单缓柱塞；12—定位柱塞；13—调整阀凸轮；14—手柄；15—凸轮盒
A—总风缸管；B—单独缓解管；C—单独作用管

③ 单独制动阀

单独制动阀用以操纵单机的制动和缓解及自阀制动后，施行机车单缓。该阀为自动保压式。单独制动阀主要由调整阀、单缓柱塞阀、定位柱塞、凸轮盒及手把等组成。设有三个位置：单缓位；运转位；制动区（图 4.2-52）。

a. 调整阀

调整阀主要直接控制继动阀（作用阀）的作用，使机车制动与缓解，其结构与自阀调整阀基本相同。

当单阀手把在制动区时，调整阀的供给阀开启，使总风压力经作用管 9 向继动阀（作用阀）充气，使机车发生制动作用。将手把移回运转位，作用管 9 内的空气经调整阀的排气阀排向大气，使机车缓解。

b. 单缓柱塞阀

单缓柱塞阀的作用是在列车制动时，单独缓解机车的制动作用。其结构由单缓柱塞阀弹簧、单缓柱塞、定位片、挡圈及〇形圈等组成。

当自阀手把对列车施行制动后，单阀手把推至单缓位，机车分配阀、工作风缸的空气经单缓管 8 到单缓柱塞阀排向大气，使机车得以缓解。

④ 中继阀

中继阀受自动制动阀的操纵而控制列车管压力变化的装置（图 4.2-53）。另外，当自阀手把在过充位时，能使列车管压力比规定压力高 30～40kPa，而自阀手柄回运转位，列车管的过充压力则能慢慢消除（正常情况下两分钟消除完）。

双阀口式中继阀由主鞲鞴膜板、排气阀、供气阀、阀座、阀体、过充盖、过充柱塞、顶杆及各作用弹簧等组成。

双阀口式中继阀有四个作用位置：缓解充气位、缓解保压位、制动位、制动保压位。

⑤ 总风遮断阀

总风遮断阀主要由阀体、遮断阀、阀座、阀套及弹簧等组成

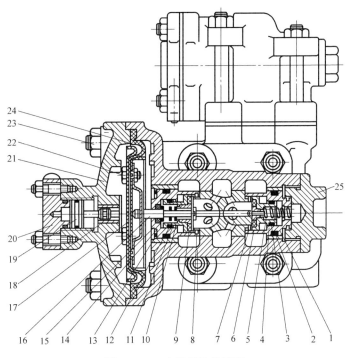

图 4.2-53 中继阀结构原理

1—供气阀套;2、3、11、12、14—O 形圈;4—供气阀;5—供气阀弹簧;
6、15—胶垫螺帽;7、8—挡圈;9—排气阀胶垫;10—排气阀;13—排气阀套;16—顶杆;17—主活塞;18—过充柱塞;19—膜板活塞;
20—过充盖;21—中继阀盖;22—螺钉;23—六角螺母;
24—膜板;25—螺盖

(图 4.2-54)。

总风遮断阀是受自阀的客、货车转换阀控制,当客、货车转换阀置"货车位"时,列车在制动时总风遮断阀处于关闭状态;而客、货车转换阀置"客车位"时,总风遮断阀总是开启的。

⑥ F-7 型机车分配阀(图 4.2-55)

F-7 分配阀是二、三压力机构的混合机构,既能一次缓解,又能阶段缓解。

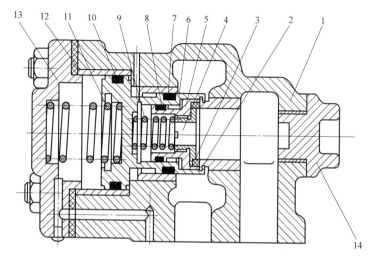

图 4.2-54 总风遮断阀结构原理

1—遮断阀体；2—挡圈；3、12—胶垫；4—胶垫螺帽；5—遮断阀；6—遮断阀套；
7、8、10—O形密封圈；9、11—弹簧；13—遮断阀盖；14—螺盖

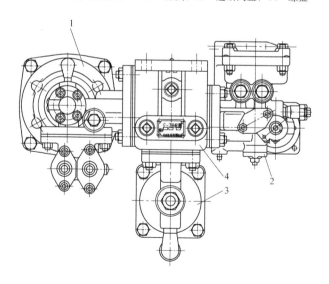

图 4.2-55 F-7 分配阀外形图

1—主阀部；2—副阀部；3—紧急部；4—中间体

4 车辆基础知识 | 137

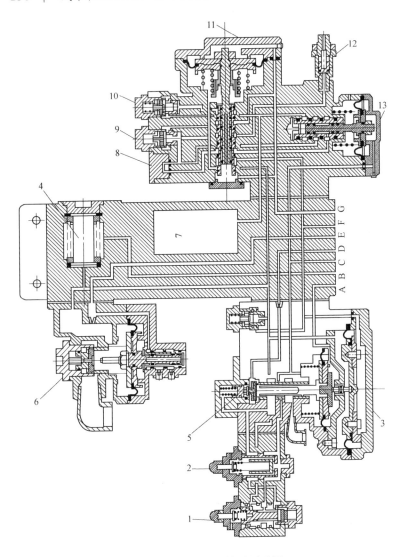

图 4.2-56 主阀部结果原理图

1—紧急限压阀;2—常用限压阀;3—主阀;4—滤尘室;5—工作风缸充气止回阀;
6—紧急放风阀;7—局减室;8—转换盖板;9—一次缓解逆流止回阀;
10—局减止回阀;11—副阀;12—保持阀;13—充气阀;

管号：A—通大气；B—通列车管；C—通作用风缸；D—通总风缸；
E—通紧急风缸；F—通工作风缸；G—通降压风缸

F-7分配阀由主阀部,副阀部和紧急部三部分组成,并用一个管座将三部分连成一体。

a. 主阀部

由主阀、常用限压阀、紧急限压阀、工作风缸、充气止回阀等组成(图4.2-56、图4.2-57)。主阀:主阀由大膜板、小膜板、主阀空心阀杆和供气阀等组成。主阀有三个作用位:缓解位、制动位、保压位。

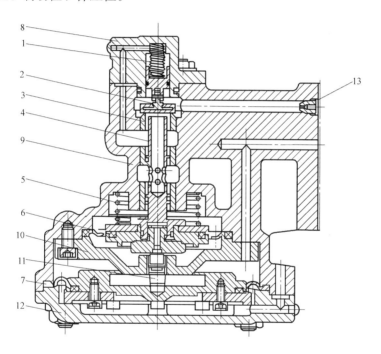

图4.2-57 分配阀主阀结构图

1—供气阀弹簧;2—供气阀;3—供气阀座;4—空心阀杆;5 -缓解弹簧;
6—小模板鞲鞴;7—大模板鞲鞴;8—平衡阀盖;9—主阀体;10—中盖;
11—顶杆;12—下盖;13—限制堵

缓解位系大膜板上侧列车管增压,促使膜板鞲鞴带动主阀空心杆下移,开放排气口,将作用风缸的压力空气排至大气,使机车缓解。缓解的程度视列车管压力增加大小而异。制动位是当列车管减压,大膜板鞲鞴两侧产生压差,使大膜板鞲鞴带动空心阀杆上移,顶开供气阀,总风经供气阀口、常用限压阀向作用风缸充气,起制动作用。

保压位是列车施行制动后,当作用风缸压力升至与列车管减压相适应时,大膜板鞲鞴带动空心阀杆下移到使供气阀关闭的位置,但空心阀杆仍与供气阀接触,此时为制动后的保压状态。

(a) 常用限压阀

常用限压阀由调整螺钉常用限压弹簧、柱塞限压阀○形圈和阀套等组成。在常用全制动时,由于作用风缸及柱塞限压阀底部的压力达到规定值,柱塞限压阀便克服弹簧之压力上移,切断总风与作用风缸的通路,起到了限压作用,限制的压力值可由调整螺钉调整(图 4.2-58)。

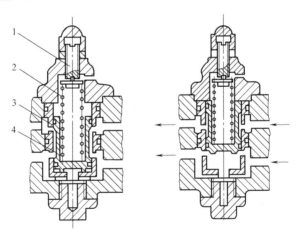

图 4.2-58 常用限压阀结构
1—调整螺钉;2—常用限压弹簧;3—限压阀套;4—柱塞限压阀

(b) 紧急限压阀

紧急限压阀为柱塞鞲鞴止阀结构,它由调整螺钉、紧急限压弹簧、柱塞鞲鞴、紧急限压阀套、止阀及"O"形圈等组成(图

4.2-59）。

自阀施行紧急制动时，柱塞鞲鞴大直径下部的列车管压力迅速降至零，并在弹簧的作用下迅速下移，打开止阀，使总风经紧急限压阀套下部的小孔向作用缸充气。当作用风缸达到规定压力时，作用于柱塞鞲鞴小直径下部，作用风缸压力克服弹簧的压力而上移，止阀在弹簧的作用下上移时阀口关闭，使作用风缸的压力被限制在规定压力之内。

在紧急制动开始缓解时，作用风缸的空气，首先经止阀上部和主阀空心杆排大气，当压力降

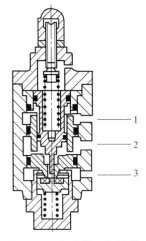

图 4.2-59　紧急限压阀结构图
1—列车管；2—作用风缸；3—主阀供气阀或排气口

至 340～360kPa 以下，常用限压阀的柱塞阀下移复位，作用风缸的压力空气经常用限压阀到主阀空心杆排至大气。

（c）工作风缸充气止回阀

该阀由弹簧、止回阀、止回阀座、弹簧挡圈、风堵等组成。如图 4.2-60。该阀的作用是在缓解充气时，列车管压力空气经止回阀向工作风缸充气。在列车管减压时，防止工作风缸的压力向列车管倒流。

b. 副阀部

副阀部由副阀、充气阀、保持阀、局减止回阀、一次缓解逆流止回阀及转换盖板组成。副阀有三个作用：一是消除工作风缸与降压风缸的过充压力，二是能加速主阀的缓解，三是使列车管起局减作用。

（a）副阀

副阀结构如图所示，主要由膜板、柱塞、弹簧、阀套及○形圈等组成。副阀共有四个作用位，即缓解充气位、局减位、制动位和保压位（图 4.2-61）。

4　车辆基础知识 ｜ 141

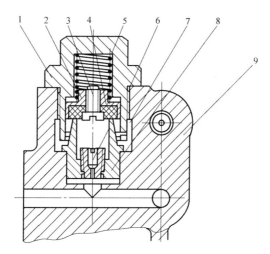

图 4.2-60　工作风缸充气止回阀结构图

1—螺座；2—止回阀；3—螺钉；4—胶垫；5—弹簧；6—风堵；
7—弹簧挡圈；8—止回阀座；9—主阀体

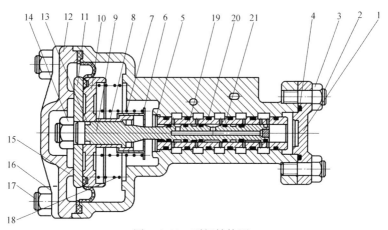

图 4.2-61　副阀结构图

1—盖；2—双头螺栓；3—六角螺母；4—O 形圈；5—挡圈；6—弹簧托；
7—稳定弹簧；8—套；9—副阀柱塞；10—副阀内鞲鞴；11—压板；
12—副阀盖；13—O 形圈；14—螺母；15—模板；16—六角螺母；
17—双头螺栓；18—缓解弹簧；19—副阀套；20、21—O 形圈

(b) 充气阀

充气阀有 3 个作用：一是在完全缓解时，列车管的风压经该阀向工作风缸和降压风缸充气，如列车管已有过充压力，其工作风缸和降压风缸的过充压力能经该阀而消除；二是产生列车管的局减作用；三是在阶段缓解时防止工作风缸和降压风缸的空气向列车管逆流（图 4.2-62）。

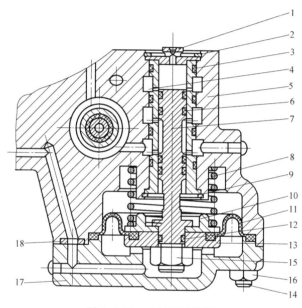

图 4.2-62 充气阀结构图

1—挡板；2—挡圈；3—O 形圈；4—充气阀套；5—副阀体；6—O 形圈；
7—充气阀柱塞；8—弹簧；9—挡圈；10—压板；11—膜板；
12—O 形圈；13—膜板托；14—螺栓；15、16—螺母；
17—充气阀盖；18—胶垫

充气阀的构造如图所示，主要由膜板、柱塞、阀套、弹簧、胶垫、挡圈等组成。充气阀有两个作用位置，即缓解位和作用位。

⑦ 保持阀

保持阀是为了在常用全制动，过量减压或紧急减压后使降压

4 车辆基础知识 | 143

风缸保持一定压力而设（一般控制在 300～340kPa）。其结构如图 4.2-63 所示，主要由〇形圈、保持阀、阀体、弹簧等组成。

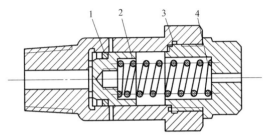

图 4.2-63　保持阀结构图
1—〇形圈；2—保持阀；3—阀体；4—弹簧

⑧ 局减止回阀

该阀与工作风缸充气止回阀的结构相同，仅多一个限制螺堵，其作用是防止局减室压力向列车管逆流，避免引起副阀自然缓解。

⑨ 一次缓解逆流止回阀

该阀的结构与工作风缸充气止回阀相同，仅少一个止回阀弹簧，其作用是常用制动缓解时，使工作风缸的空气经转换阀盖到该阀，进而快速向列车管充气，加速了主阀的缓解（转换阀盖在"阶缓位"无此作用）。

⑩ 转换阀盖

此盖有两个位置：一是"直缓位"，二是"阶缓位"。在直缓时，工作风缸的空气经此盖流向列车管，而在阶段缓解位时则不能。

紧急部：紧急部系紧急放风阀（图 4.2-64），它由膜板、鞲鞴、柱塞杆、放风阀、放风阀套、三个缩风堵、弹簧及"〇"形圈等组成。

该阀有三个作用位：a. 充气缓解位（图 4.2-65）；b. 常用制动位（图 4.2-66）；c. 紧急制动位（图 4.2-67）。

该阀的主要作用是在紧急制动时，将列车管的空气迅速排向大气，使列车起紧急制动作用。

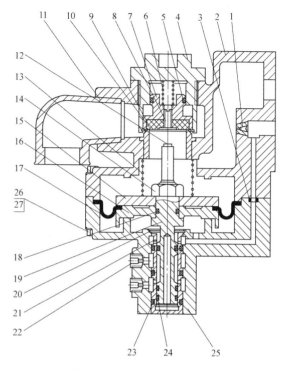

图 4.2-64 紧急放风阀结构图

1—缩口风堵；2—紧急放风阀上体；3—胶垫；4—螺盖；5—○形圈；6—放风阀弹簧；7—放风阀；8—螺帽；9—胶垫；10—挡圈；11—内外弯接头；12—触头；13—复原弹簧；14—螺母；15—压板；16—鞲鞴；17—膜板；18—○形圈；19—柱塞杆；20—挡圈；21—放风阀；22—缩口风堵；23、24—○形圈；25—紧急放风阀下体；26—螺母；27—螺栓

⑪ 继动阀（作用阀）（图 4.2-68）

作用阀主要由膜板、作用鞲鞴、空心阀杆、供气阀、缓解弹簧、阀体及管座等组成。该阀共有三个作用位：一是缓解位（图 4.2-69）；二是制动位（图 4.2-70）；三是保压位（图 4.2-71），其主要作用是控制机车制动缸的充气和排气，使机车得以制动和缓解。

4 车辆基础知识 | 145

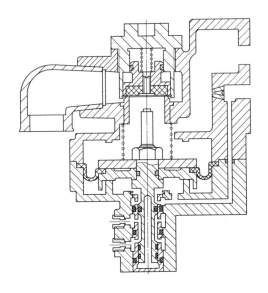

图 4.2-65　充气缓解位

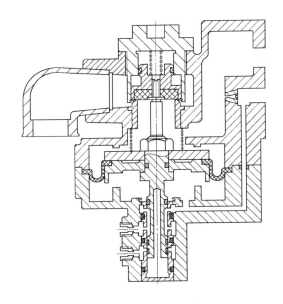

图 4.2-66　常用制动位

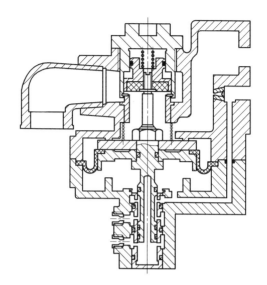

图 4.2-67 紧急制动位

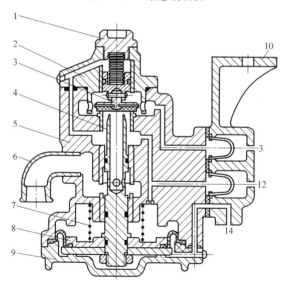

图 4.2-68 作用阀结构原理图

1—上堵；2—上盖；3—供气阀；4—空心阀杆；5—阀体；6—排气弯头；
7—缓解弹簧；8—作用活塞；9—下盖；10—管座
管号：3—总风缸管；12—制动缸管；14—作用风缸管

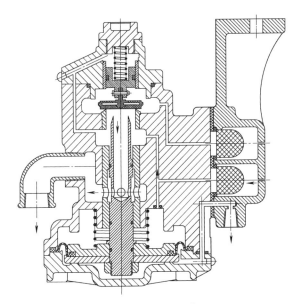

图 4.2-69 缓解位

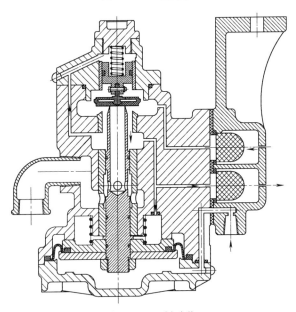

图 4.2-70 制动位

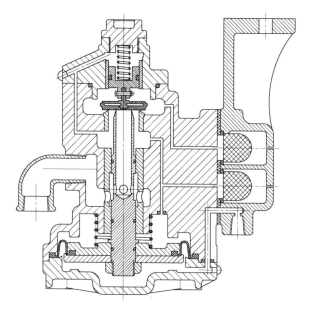

图 4.2-71 保压位

(3) JZ-7 型机车制动机的综合作用

1) 自动制动作用

自动制动作用是单阀手把在运转位,自阀手把在各位的综合作用。

① 过充位

a. 自动制动阀:调整阀向均衡风缸、调整膜板右侧充气,充至定压后,自动保压,重联柱塞沟通均衡风缸和中均管,缓解柱塞将遮断阀管与大气连通,并将总风与过充管和过充风缸连通。

b. 中继阀:由于中均管压力升高,顶开供气阀,总风向列车管迅速充气,此外,过充压力的作用,使列车管的充气压力比规定压力高 30~40kPa,而后,中继阀处于保压状态。

c. 分配阀:列车管向工作风缸,降压风缸,紧急风缸及各气室充气,最终均充至比规定压力高 30~40kPa,同时作用风缸的风压排大气。

d. 作用阀：由于作用风缸的空气已排出，作用阀缓解，制动缸压力排大气，机车缓解。

② 运转位

该位置是列车缓解再充气和运转时所设位置，该位的作用通路与过充位基本相同，不同的是：

a. 自动制动阀：缓解柱塞将总风和过充管及过充风缸的通路切断，过充压力由过充风缸的小孔排掉。

b. 中继阀：过充柱塞的压力逐渐降低，中继阀膜板带动顶杆，打开排气阀，逐渐消除列车管内的过充压力。

c. 分配阀的工作风缸，降压风缸的过充压力经副阀逆流到列车管逐渐消失，紧急风缸的过充压力经紧急阀逆流到列车管逐渐消失。

③ 常用制动区

常用制动区，设有最小及最大减压位，自阀手把在制动区的不同位置，列车管的减压量则不同。

a. 自动制动阀：调整阀将均衡风缸，调整膜板右侧和中继阀的中均室的压力排大气，压力排出多少视手把停留的位置而异，其最小减压量为 50kPa，缓解柱塞将总风与遮断阀管连通，从而关闭总风遮断阀。

b. 中继阀：由于膜板左侧中均室压力降低，排气阀开启，列车管压迅速排大气，直至列车管与中均室等压后便处于保压状态。

c. 分配阀：由于列车管压力降低，副阀鞲鞴发生移动，首先将列车管和局减室连通，产生局减作用，同时切断了工作风缸与降压风缸的通路，连通了降压风缸经保持阀排大气的通路，待降压风缸降至与列车管等压时，鞲鞴再移至保压位。主阀膜板鞲鞴由于列车管的降压而迅速上移，待作用室、列车管和工作风缸三者压力平稳时，主阀便处于保压状态。充气阀在作用风缸压力达 24kPa 时，鞲鞴动作，关闭局减室排大气的通路。常用限压阀达规定压力时切断总风向作用风缸的充气之路。

d. 作用阀：由于作用风缸的压力，使作用鞲鞴上移，空心阀杆顶开供气阀，总风向制动缸充气，使机车发生制动。

④ 过量减压位

该位置的作用与常用全制动区基本相同，区别是常用制动区的最大减压量为 170~190kPa，而该位的减压量为 240~260kPa。

⑤ 手把取出位：

该位置是为重联机车、无动力回送机车及本务机车非操纵端而设置的位置。

a. 自动制动阀：均衡风缸的减压量为 250kPa，重联柱塞阀将中均管和均衡风缸的通路切断，同时连通中均管与列车管之通路。

b. 中继阀：由于重联柱塞将中均管和列车管联通，中继阀于自锁状态，失去了对列车的控制能力。

⑥ 紧急制动位：

该位置是操纵列车紧急停车所使用的位置，自阀手把在此位时单机列车管压力应在 3s 内排为零。

a. 自动制动阀：调整阀保持均衡风缸减压量为 250kPa，重联柱塞将总风与撒砂管连通，中均管通列车管。

b. 中继阀与取把位相同，处于自锁状态。

c. 分配阀：由于列车管压力迅速下降，主、副阀膜板鞲鞴迅速移到制动位，副阀柱塞切断了工作风缸与降压风缸的通路，同时降压风缸经保持阀排大气，主阀空心杆顶开供气阀，总风先经常用限压阀，后经紧急限压阀向作用风缸充气，其最高压力为 420~450kPa。

2) 单独制动作用

单独制动作用系自阀手把在运转位，单阀手把在制动区的作用及自阀手把在制动区，单阀手把在单缓位时的作用。

① 自阀手把在运转位，单阀手把在制动区，此时单阀调整阀处于制动位，总风经调整阀向作用管充气，并经变向阀进入作

用阀膜板下方,作用阀进入制动位,制动缸所得压力的高低,视单阀手把所在位置而定,其最高压力为 300kPa。单阀手把在制动区阶段右移,机车则阶段制动,阶段左移可得到阶段缓解。

② 自阀手把在制动区,单阀手把在单独缓解位,此位置用于调节列车制动时的运行速度、车辆制动、机车缓解。

手把移至此位时,单缓柱塞将工作风缸的压力空气排大气,分配阀的主阀进入缓解位,作用风缸的压力空气排大气,同时作用阀也将制动缸的压力空气排大气,机车得以缓解的程度视单阀手把置单缓位的时间长短而异,自阀手把在常用制动区及紧急制动位时,机车制动缸的压力均可缓解到零。

(4) JZ-7 使用注意事项

1) 在操纵列车制动时,若需要缓解后部车辆制动,而又需要保持机车制动作用,先将自阀手把保持制动区,再把单阀手把推向制动区,然后再把自动制动阀手把推向过充位或运转位。

2) 为了加速全列车的充气速度,可将自阀手把置于过充位,列车管空气压力高于定压 30~40kPa,当手把回到运转位后,能自动地消除列车管的堵塞充压力,且不会产生机车及后部车辆的自然制动。

3) JZ-7 型制动机在运行过程中不会发生机车自然制动的现象,因此,不须经常推动单阀手把到缓解位。

4) 列车在长大下坡道地区运行时,由于制动缓解频繁,因车辆三通阀的副风缸压力还没有恢复到定压,此时若施行正常的减压可能使车辆制动力很小,甚至无压力,所以此时自阀手把可移至过量减压位,将列车管压力降低 240~260kPa,由于列车的进一步减压,车辆制动机可获得所需的制动力。

5) 装于 JZ-7 型制动机的机车,在运行之前司机首先须确认机车作为本务机车,重联机车还是无火回送机车,然后根据机车运行的性质,对制动机作适当的处理。

① 作为本务机车时,若为双端操纵时,操纵端自阀手把置运转位,单阀置于运转位。非操纵端自阀手把置于取出位,并将

手把取出，单阀仍然置于运转位。

对于客货车转换阀须根据牵引车辆制动机的缓解型式来决定，一次缓解型的将其设在"货车位"，阶段缓解型的设在"客车位"。

② 作为重联机车时，在机车的操纵端及非操纵端的自阀手把均置于手把取出位，单阀手把置于运转位，二端的客货车转换阀均置于"货车位"。

③ 作为无火回送机车时，在机车的操纵端及非操纵端的自阀手把均置于手把取出位，单阀手把置运转位，二端的客货车转换阀均置于"货车位"，同时把无动力装置的塞门开通，将分配阀的常用限压阀调到 250kPa。

6) 使用 JZ-7 型制动机单阀缓解时，由于缓解太快，容易拉断车勾，操纵时应引起注意。

2. DK-1 型制动机

(1) DK-1 制动机的特点和组成

DK-1 型电空制动机是我国铁路电力机车的主型制动机，也是我国地面铁路机车中首先采用电空制动的制动机，它是在 1974 年开始由我国自行研制的，1982 年 5 月通过了技术鉴定。1984 年从韶山 1 型 405 号电力机车起，所有新造电力机车均安装这种制动机。电空制动机在大型养路机械上应用较多，在我国一些厂家生产的重型工程车和接触网作业车上也有所应用。

1) DK-1 型制动机的主要特点

① 其主体是机车电空制动机，其大闸是一个"电空制动控制器"。当车辆列为空气制动时，在正常情况下，由这个大闸通过其不同的触头组合、相应的控制导线和机车上的各个电空阀控制整个机车制动机，包括均衡风缸的压强，进而通过中继阀控制列车管的压强，操纵全列车的制动和缓解。如果车辆列也是电空制动机，则车辆列的制动作用也可以由这个大闸通过其外接联线来"电控"。

② 它的小闸是一个"空气制动阀"。其常规功能（电空位）

与机车空气制动机一般的"单独制动阀"相同，用于机车的单独制动和单独缓解。但是在电空制动发生故障而失灵时，通过电空转换手柄的转换（由电空位转为空气位），这个小闸还可以通过控制均衡风缸压强来操纵全列车的常用制动和缓解，即具有"大闸"的基本功能，作为应急之用。

③ 它的分配阀：109型空气分配阀是在104型空气分配阀的基础上按机车的需要加以改造设计而成的。其标准件与通用件占零件总数的88.5%，这在各型机车制动机中是少有的。

④ 它具有检查列车管折角塞门是否被关闭以及判别关闭处所距离机车远或近的功能。虽然只是定性的判别，但对保证行车安全还是很有意义的。

⑤ 紧急制动时能自动选择切除动力源，即能保证安全，又简化了操纵。

⑥ 具有动力制动和空气制动协调配全的初步的功能；动力制动前能给予微量空气制动，经过一定时间后再将该空气制动缓解，在高坡曲线区段运行时可缓和对工程的冲击；动力制动不足时可追加车辆列的空气制动而机车不上闸，简化了操纵。

2) DK-1型制动机的组成

DK-1型电空制动机主要由控制、中继和执行3大部分组成，分别布置在司机室、Ⅱ端高压室和变压器室。控制部分有电空制动控制器、空气制动阀和调压阀；中继部分有各个电空阀、中继阀及压力开关等部件；执行部分有分配阀、紧急阀和电动放风阀等。

① 电空制动控制器（大闸）

电空制动控制器主要由控制手柄、"凸轮轴组装"、静触头组、定位机构等组成（图4.2-72）。"凸轮轴组装"包括一根垂直的转轴及装于其上的各层不同形状的凸轮（动触头）。由于控制器工作范围小于180°，故一个凸轮可以与两个对应的静触头构成两对独立的触头组（图4.2-73），这样凸轮层数可减少，结构可紧凑些。转轴的上部与控制手柄相连，下部受定位机构的控制，后者可以确保各个工作位置的准确。

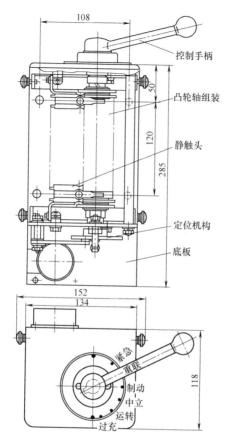

图 4.2-72 电空制动控制器

控制器设有 6 个工作位置，按逆时针排列顺序为：过充、运转、中立、(常用) 制动、重联和紧急 (制动)。控制手柄可以而且只能在重联位取出。控制器在各个工作位置的触头闭合情况 (外接联线随车型和端别有所不同)。

② 空气制动阀 (小闸)

如图 4.2-74，操纵手柄 1、转轴 13、凸轮 3、4 等组成操纵机构，操纵手柄有 4 个作用位置，按逆时针排列顺序为：缓解、运转、中立和制动。操纵手柄只能在运转位取出。转轴为空心方

触头闭合表

	过充	运转	中立	制动	重联	紧急		I端代号	II端代号
1		•	•	•	•	○		801	802
2	•	•				○			
3				•	•	○		803	803
4					•	○		807	807
5					•	○		804	804
6						○		810	820
7					•	○		806	806
8					•	○		808	808
9					•	○		805	805
10						○		809	819
11						○		801	811
12						○		811	821
13						○		836	836
14						○			
15						○		851	852
16						○			
17						○			
18						○			

图 4.2-73 电空制动控制器触头闭合

轴结构，外面套装定位凸轮 3 和凸轮 4，内装细长的顶杆 14，上顶手柄，下与排气阀 6 相接触。

制动阀上装有连锁开关组 2，装有上、下两个微动开关，分别受转换柱塞 12 和定位凸轮 3 控制，并通过接线端子与外电路相连。

转换柱塞 12 不随操纵手柄的转动而动作，但在扳动制动阀左侧的"转换手柄"（图中未示出）时，转换柱塞可左右移动。它只有两个工作位置：电空位和空气位。转换柱塞位置变化时不仅气路改变，而且通过连锁开关使电路也改变。

作用柱塞 8 随操纵手柄和作用凸轮的转动而左右移动，使气路发生变化，形成三个作用位置：缓解、制动和中立。

排气阀 6 又称手压单缓排风阀。手柄下压时，该阀被顶杆

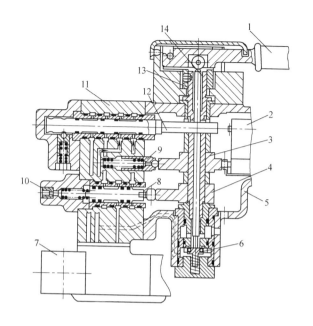

图 4.2-74 DK-1 的空气制动阀
1—操纵手柄;2—连锁开关组;3—定位凸轮;4—作用凸轮;5—凸轮盒;6—排气阀;7—管座;8—作用柱塞;9—定位柱塞;10—空气位排气堵;11—阀体;12—转换柱塞;13—转轴;14—顶杆

14 压开,使单独作用管通大气,可实现机车单独缓解作用。

③ 调压阀

调压阀是为满足制动机对给定压强的要求并保证稳定供给而设置的。参看图 4.2-75,全车共有 4 个这样的调压阀,规格为 $DN15$,型号为 QTY-15,是气动元件的通用件。由于调整弹簧 4 和 5 的作用,膜板 7 下凹,阀杆 10 向下压开进气阀 9,使左侧通入的压力空气可经过进气阀口由右侧流出。同时,经下阀体上的平衡小孔进入膜板下方的中央气室。当输出压强逐渐增高,膜板上下压差逐渐减小,膜板渐趋平衡,进气阀口逐渐关小。当输出压强与给定压强相等时,进气阀口关闭。给定的压强值可通过手轮 1 来调整：顺时针可增高，反之为降低。输出压强因漏泄而下降时调压阀会自动给予补充；输出压强高于给定值时，膜板上凸，溢流阀 6 上移而阀杆不动，多余的压力空气可由溢流阀口排出，恢复到给定值。

④ 电空阀

电空阀是通过电磁力远距离控制气路的电器。按作用原理有开式和闭式两种：电磁铁无电状态下，主气阀口关闭称为闭式，反之为开式；就结构而言，它都是由电磁机构和气阀两部分组成。顶上为电磁机构，气阀分成 A、B、C 三个气室，由上、下两个阀口互相连通，风源经进风口 1 与 A 室相连，B 室经出风口 2 与控制对象相连，C 室多数与大气相通，作为控制对象排风的出口。排气口 3 通大气者称为二通电空阀，否则为三通电空阀。

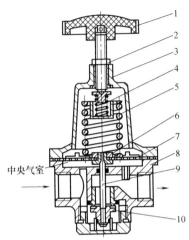

图 4.2-75　QTY 型调压阀
1—手轮；2—紧固螺母；3—上体；
4——级弹簧；5—二级弹簧；
6—溢流阀；7—膜板；
8—下体；9—进气
阀；10—阀杆

中央气室→

⑤ 中继阀

DK-1 型制动机的中继阀，除管座外，其余均与 JZ-7 型制动机通用，包括带过充活塞的双阀口式中继阀的总风遮断阀。

⑥ 压力开关

橡胶膜板 5 将开关体 4 内的空腔分隔为上、下两个气室，分别与不同的外接风源相连，利用膜板压差使用膜板下凹或上凸，带动芯杆 3 上下移动，使微动开关 1 发生动作，实现相应的电路控制。

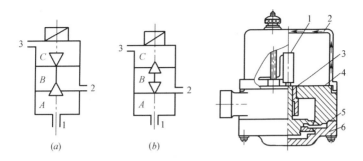

图 4.2-76 电空阀结构示意图
(a) 闭式电空阀；(b) 开式电空阀
A—下气室；B—中气室；C—上气室；
1—进风口；2—出风口；3—排气口

图 4.2-77 JY 型压力开关
1—微动开关；2—外罩；3—带芯动杆；
4—开关体；5—橡胶膜板；6—下盖

压力开关与风压继电器同属气动电器，都是利用空气压强的变化来实现电控，但两者有明显的区别：压力开关利用上、下气室的压差而动作，给定值一经设定即无法调整；风压继电器利用弹簧与空气压力之差而动作，通过弹簧的调整可以改变给定值。

目前，DK-1 型制动机用了两种压差的压力开关：小于等于 20kPa 和 200kPa。

各电控阀连管及功能，见表 4.2-3。

各电空阀连管及功能 表 4.2-3

编号	名称	连管			功能
		进风	出风	排风	
250、251	撒砂	总风管	撒砂管	大气①	紧急位自动撒砂，改善粘着
252	过充	总风管	过充风缸	堵	过充位，使列车管有 30～40kPa 过充量
253	中立	总风管	遮断阀管	大气	保证在中立、制动等位时切断列车管风源
254	排风 1	作用管	大气	大气	控制作用管排风，协调大小闸的相互作用
255	检查	总风管	均衡风缸	堵	与检查按钮配合使用，运行中判别列车管开通状态

续表

编号	名称	连管			功 能
		进风	出风	排风	
256	排风2	过充风缸	大气	大气	在制动、重联等位时加快过充风缸的排风
257	制动	堵	初制动风缸	大气	控制均衡风缸排风
258	缓解	调压阀管	均衡风缸	初制动风缸	控制均衡风缸的正常充、排风
259	重联	列车管	均衡风缸	堵	在重联位,使中继阀失控

① 排风口通大气的电空阀均为 TFK1B 型,即通用的二通电空阀,其余的电空阀则为三通电空阀。

⑦ 分配阀

前已述及,DK-1 型制动机的分配阀是 109 型空气分配阀,它与客货车 104、103 阀是一个系列的产品,通用性、经济性、继承性很好,参看图 4.2-78。为适应机车的需要,在容积室上接有单独作用管,并装有安全阀(早期为限压阀),容积室容积

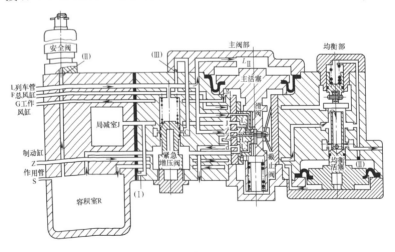

图 4.2-78 DK-1 型分配阀主阀结构图

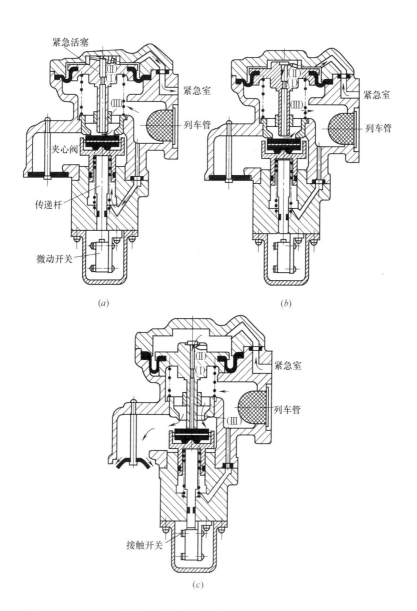

图 4.2-79 DK-1 型制动机的紧急阀（紧急制动时能自动切断动力源）
(a) 充气位；(b) 常用制动位；(c) 紧急制动位

由 3.8L 改为 1.85L，安装座由吊式安装改为座式安装，取消了充气止回阀部和局减阀部（早期还保留了局减阀，并且在均衡部下方装有 103 的空重车调整部，作为无火调整部来用，现在也取消了）。紧急阀独立安装。

⑧ 紧急阀

除在放风阀导向杆下部增加传递杆、微动开关等之外，其余均与 104 阀的紧急阀相同。紧急制动时，放风阀导向杆带动传递杆下移，压缩了微动开关，实现电路转换，切断列车管风源或机车动力源。

⑨ 电动放风阀

如图 4.2-80，电空阀 9 得电后，总风经电空阀下阀口通往橡胶膜板 7 下方气室 D，使膜板下移，带动顶杆 5，顶开夹心阀 4，开通列车管排大气的通路，产生列车紧急制动作用。电空阀上阀口排往大气，夹心阀在弹簧 2 的作用下关闭。

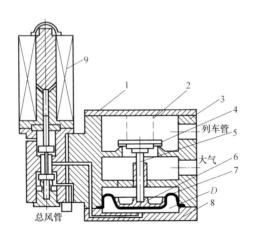

图 4.2-80　ZDF 型电动放风阀

1—上盖；2—弹簧；3—阀体；4—夹心阀；5—顶杆；
6—盘；7—橡胶膜板；8—下盖；9—电空阀

必须强调指出，电动放风阀是受电的控制而发生动作，使用列车管产生快速排风，而前面讲的紧急阀是在列车管产生快速排风后，因紧急活塞压差而发生动作，使列车管现获得一个快速排风口（紧急局部减压）并带动电连锁，切断列车管风源或机车动力源。这两者的区别必须弄清楚。

（2）DK-1型的空气制动阀作用原理

DK-1型制动机的空气气制动阀在各个位置的作用如下：

1）转换手柄及转换柱塞在电空位

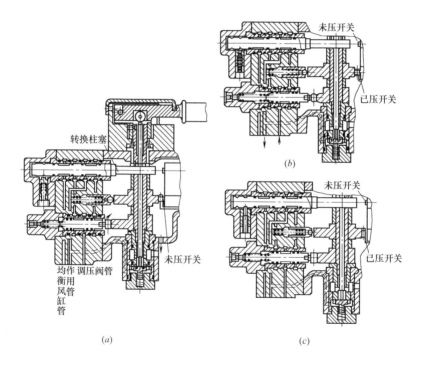

图4.2-81 空气制动阀电空位作用原理图
(a)缓解位；(b)制动位；(c)中立位

转换手柄（图中未示出）及转换柱塞在电空位时，单独作用管可经转换柱塞右凹槽迂回到作用柱塞，均衡风缸管被转换柱塞左边两个O型圈封闭。此时,空气制动阀只作为小闸来使用用,与均衡风缸无关。

① 操纵手柄在缓解位,见图4.2-81(a)。

作用柱塞被凸轮顶至右端,单独作用管迂回到作用柱塞时可经凸轮盒右下端通大气,实现机车的单独缓解。此时,定位凸轮有一个降程,即松开下连锁开关,接通了排1电空阀的电路,如电空控制器(大闸)在运转位,则该电空阀可得电,作用管也可以从该电空阀口通大气,使作用管排得更快。但是,电空控制器若在制动后的中立位,则排1电空阀的电源已切断,该联锁开关的接通就没有实际意义。

② 操纵手柄在制动位,见图4.2-81(b)。

作用柱塞凸轮有一个降程,作用柱塞在其左端弹簧的反拨力作用下右移,使单独作用管排风通路关闭,而调压阀管的压力空气可以经过作用柱塞中部的凹槽和转换柱塞右凹槽通往单独作用管,实现机车的单独制动作用。此时,定位凸轮有一个升程,即压动下连锁开关,切断排1电空阀的电源,使之"失电",关闭单独作用管在该电空阀的排风口,确保机车的单独制动作用得以实现。

③ 操纵手柄在中立位,见图4.2-81(c)。

作用柱塞相对于制动位有一个较小的升程,即作用柱塞将左移到中间的位置,使单独作用管既不通调压阀也不通大气,同时,定位凸轮和下联锁开关状态与制动位相联系同,故单独作用管能保持即得的压强,不升也不降。

④ 用柱塞的位置与中立位相同,但定位凸轮和下联锁开关的状态与缓解相同,即小闸各气路不通,但排1电空阀电路接通,单独作用管可由该电空阀通大气,也可实现机车的单独缓解作用。

2) 转转手柄及转换柱塞在空气位(图4.2-82)

转换柱塞右移到空气位时,压动上联锁开关,切除电空制动控制器(大闸)的电源,同时,单独作用管通路被切断,均衡风缸可经转换柱塞迂回到作用柱塞。即空气制动阀可通过作用柱塞控制均衡风缸的充排气，代替电空制动器执行大闸的基本功能。

① 操纵手柄在缓解位，见图 4.2-82（a）。

作用柱塞的位置与电空—缓解位相同，但不是使单独作用管通大气，而是使调压阀管经过作用活塞中部凹槽和转换柱塞左凹槽与均衡风缸相通，使均衡风缸充气增压，实现列车充气缓解作用。

② 操纵手柄在制动位，见图 4.2-82（b）。

作用柱塞位置与电空—制动位相同，但不是使调压阀通作用管，而是切断调压阀与均衡风缸的通路，并且使均衡风缸由作用活塞左端排大气，产生列车减压制动的作用。

③ 操纵手柄在中立位和运转位，见图 4.2-82（c）。

作用柱塞与电空—中立位相同，即各气路都不通。由于转换手柄空气位电连锁失支作用，故运转位与中立位功能完全相同，即作用柱塞实际上只有三个作用位置（这一点与转换手柄电空位时是不同的）。

由于空气制动阀转换手柄在空气位时是通过操纵均衡风缸压强来控制全列车的，所以要单独缓解机车，必须另有安排，具体措施是：通过下压其手柄，打开右下部排风阀，使单独作用管通大气。参看图 4.2-82（d）（图中虚线为单独作用管与排风阀室的体内通路，排风阀被顶杆压开后，单独作用管的压力空气可能经过此阀口向上由右侧排风口排大气）。

（3）DK-1 型制动机的综合作用（图 4.2-83）

小闸（空气制动阀）在运转位，通过大闸（空气制动控制器）来操纵全列车制动或缓解时的综合作用；大闸在运转位或中立位，通过小闸来单独操纵机车的制动或缓解时的综合作用；检查折角塞门状态和列车发生分离事故时的综合作用。

1）大闸操纵

空气制动阀转换手柄在电空位、操纵手柄在运转位时，电空制动控制器各个位置的综合作用如下：

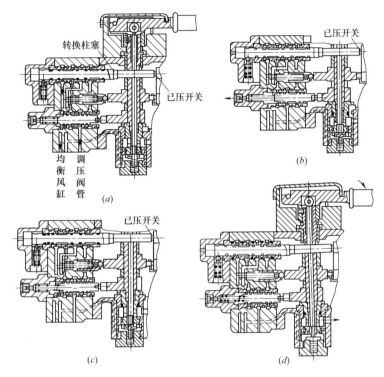

图 4.2-82 空气制动阀空气位作用原理图
(a) 缓解位；(b) 制动位；(c) 中立位和运转位；(d) 单缓位

① 空制动控制器在过充位

用于列车初充气、制动后再充气，保持机车制动力，使列车管迅速充气（充至比定压高 3040kPa），车辆列迅速得到缓解。在此位置上，如图 4.2-83，各主要部件状态如下：

a. 控制器：导线 803 得电，经中间继电器 451 和 452 的常闭连锁，使缓解电空阀 258 得电，调压阀 55 经缓解电空阀向均衡风缸 57 充气，并通往中继阀膜板活塞左侧；同时，导线 805 得电，使过充电空阀 252 得电，总风由过充电空阀口通往过充风缸和中继阀过充柱塞左侧。

  b. 中继阀：过充柱塞上的总风压力和膜板左侧的均衡风缸压力使膜板活塞迅速右移，打开供气阀口，总风经过它向列车管迅速充气到比定压高 30~40kPa，车辆气压迅速缓解。

  c. 机车分配阀：列车管压力推动主活塞到充气缓解位，列车管压力空气充入工作风缸。由于导线 809 无电，排风电空阀无电，故容积室压力空气不能排大气，制动缸也不通大气，机车处于保压状态。

  ② 电空制动控制器在运转位

  全列车在缓解状态。这是列车运行中不进行制动操纵时经常放置的位置。

  a. 控制器：导线 803 及缓解电空阀 258 得电，调压器通均衡风缸和中继阀膜板活塞左侧；导线 809 得电，经中间继电器 451 的常闭联锁使排风电空阀 256 得电，作用管通大气，机车缓解。

  导线 805 及过充电空阀 252 失电，总风与过充风缸的通路被切断，过充风缸压力空气从缩孔 d1 缓慢地排往大气。

  b. 中继阀：过充柱塞左侧的压强缓慢降低，膜板活塞稍稍左移，拉开排气阀，使列车管过充的压力空气缓慢地排往大气，既可消除过充压强，又不致引起再制动。膜板两侧压差消除之后，供气阀及排气阀都处于关闭状态，列车管处于定压下的保压状态。

  c. 机车分配阀：主阀部在充气缓解位，工作风缸过充的压力空气缓慢地逆流回列车管，直至恢复定压；由于容积室及作用管可经排风电空阀口排大气，均衡部也处于缓解位，机车制动缸通大气，机车得到缓解。

  ③ 电空制动控制器在（常用）制动位

  用于正常停车或调速。

  a. 控制器：缓解电空阀 258 失电，使均衡风缸的压力空气经该电空阀的上阀口至制动电空阀 257 的上阀口排大气和充入初制动风缸 58。均衡风缸减压量的大小取决于控制器手柄在制动位停留时间的长短（由于初制动风缸的设置，缓解电空阀即使是一瞬间失电，均衡风缸也可获得 30~40kPa 快速减压量）。同时，导线 806 得电，使中立电空阀 253 得电，中继阀上部的总风遮断阀被关闭；导线 808 得电，为压力开关 208 的下接点 808 与 800 接通作准备。在达到最大减压量后，压力开关 208 杆下落，使微动开关接通，制动电空阀 257 得电，关闭它的阀口，均衡风缸停止减压。

b. 中继阀：膜板左侧压力降低，使膜板左侧压力降低，使膜板活塞左移，拉开排气阀，列车管通大气，车辆制动。

c. 机车分配阀：主活塞到制动位，工作风缸向容积室充气，均衡部到制动位，总风缸通机车制动缸，机车制动。

④ 电空制动控制器在中立位

用于制动前准备及制动后保压。

a. 控制器：导线 806 得电，通过补风转换开关 463 使中立电空阀 253 得电，关闭总风遮断阀；同时，导线 807 得电，使制动电空阀 257 得电，关闭其阀口（均衡风缸排大气的出口）。如制动前移至此位，因缓解电空阀通过压力开关 209 的微动开关 807 与 803 继续得电，均衡风缸可保持运转位状态而不减压，只作为制动前的准备。

b. 中继阀：均衡风缸停止减压后，列车管压强减至与均衡风缸相等时，排气阀也关闭，处于保压状态。

c. 机车分配阀：各部分的通路均被切断，从容积室和制动缸的压强都不变。如机车制动缸有漏泄，均衡部会自动给予补偿。

⑤ 电空制动控制器在紧急（制动）位

用于紧急情况下使列车在最短距离内停车。

a. 控制器：导线 806 得电，使中立电空阀 253 得电，总风遮断阀被关闭，切断了列车管的风源。导线 804 得电，使 ZDF 型电动放风阀得电，其阀口开启，列车管急剧排风减压，车辆发生紧急制动。导线 801 得电，使撒砂电空阀 251 得电，进行撒砂，以改善机车粘着。导线 811 得电，使重联电空阀 259 得电，沟通列车管与均衡风缸。

b. 中继阀：处于"自锁"状态。

c. 机车分配阀：主阀与制动位基本相同，只是由于紧急增压阀的作用，使容积室压强可增到 450kPa，机车制动缸也得到相应的增压。

⑥ 电空制动控制器在重联位

a. 控制器：导线 811 得电，通过 2 端电空控制器连通导线 821，使重联电空阀 259 得电，沟通列车管与均衡风缸。导致 821 通过二极管 264 使制动电空阀 257 得电，切断均衡风缸的排气口。这样，重联机车就可以受本务机车制动机的操纵而不会起干扰作用。

b. 中继阀："自锁"。

c. 机车分配阀：接受本务机车通过列车管进行的操纵，与车辆三通阀或分配阀相同。

2) 小闸操纵

空气制动阀转换手柄仍在电空位，此时，操纵手柄各个位置的综合作用如下：

① 电空制动控制器在运转位、空气制动阀操纵手柄在制动位

用于机车单独制动。

a. 空气制动阀：作用柱塞凸轮使微动开关动作，导线 809~819 通路断开，排风电空阀 256 失电，关闭作用管的排气口；同时，作用柱塞右移到极端位置，使调压阀 53 的压力空气（30kPa）通往作用管。

b. 机车分配阀：调压阀的压力空气经作用管进入容积室，使均衡部的均衡活塞（第二活塞）上移，总风经被顶开的均衡阀口进入机车制动缸，机车单独发生制动作用。

② 电空制动控制器在运转位、空气制动阀操纵手柄在中立位（保压位）

用于机车单独制动前的准备和单独制动后的保压。

a. 空气制动阀：作用柱塞由制动位左移到中间位，使作用管在作用柱塞处既不通调压阀也不通大气；排风电空阀仍失电，作用管也不能由该电空阀口通大气。

b. 机车分配阀：均衡部的均衡活塞（第二活塞）下移至中立位，机车制动缸的空气压强保持不变。

③ 电空制动控制器在中立位、空气制动阀操纵手柄在缓解位

用于机车单独制动后的单独缓解。

a. 空气制动阀：电路与运转位相同，排风电空阀得电，作用管通大气；同时，凸轮使作用柱塞左移到缓解位，打开了作用管通大气的另一条气路（经转换柱塞凹槽），故缓解比运转位稍快。

b. 机车分配阀：容积室通过作用管排大气而迅速减压，均衡活塞下移，机车制动缸排风减压而迅速缓解。

如果不是机车单独制动后的缓解，而是列车制动后的机车单独缓解，则电空制动控制器控制手柄应当在中立位，空气制动阀转换手柄应当在电空位，空气制动阀操纵手柄由运转位移到缓解位。此时，排风电空阀失电，作用管不能从该电空阀口排大气，但作用柱塞左移可使作用管通大气，机车也能实现单独缓解。

在电空系统发生故障时，司机可将空气制动阀转换手柄转至空气位，转换柱塞就会使相应的电路 N314～801 断开，N314～800 闭合，再将调压阀 203 的压强由 300kPa 提高到 500kPa，电空制动控制器手柄置于运转位，即可用空气制动阀操纵全列车，施行（常用）制动、制动后的保压和缓解等功能，如前所述。

3）折角塞门状态的检查及列车发生分离事故时的综合作用

为确保行车安全，防止折角塞门被关闭而引起恶性事故，DK-1 型制动机加装了相应的检查装置，包括检查电空阀 255 和四个检查按钮（461、462、467、468）。按压充气按钮（461 或 462）时，检查电空阀得电，总风可直通均衡风缸，列车管将过

充。根据检查的需要,在达到一定的过充量后可松开充气按钮(总风不通均衡风缸),并迅速按压消除按钮(467 或 468),使重联电空阀得电,列车管与均衡风缸连通。此时,如折角塞都在开通状态,机车上列车管已经过充的压力空气将迅速向列车后部流动,机车上列车管过充的压强将迅速消除。如果机车上的列车管过充压强下降缓慢,而且不能恢复到定压,则有可能是折角塞门被关闭。根据机车上列车管过充压强消除的快慢,大致可判断出折角塞关闭处离机车的远近。

当列车发生断钩分离事故或车长阀被拉开时,机车上的紧急阀动作,通过顶杆使微动开关 469 动作,导线 838 与 839 接通,中间继电器 451 得电并自锁,使排风和缓解两个电空阀失电,中立、重联两个电空阀及电动放风阀得电,从而迅速切断列车管风源,并进一步加速列车管的排风。这样,可避免列车前部因中继阀供风能力很强(电空制动控制器在运转位也不行)而发生缓解的事。

4.2.5 工程车冷却装置

1. 冷却系统的作用

工程车运行时,机车的冷却水、润滑油、液力传动装置的传动油等的温度均会不断地升高,若不加以冷却,将要影响到柴油机及传动装置的功率发挥,工作效率下降,润滑油老化变质,破坏润滑,影响工程车零部件的使用寿命,甚至损坏。因此,在工程车上采取必要的冷却措施,设置一些装置来保证柴油机、传动装置工作时所产生的热量能及时适度地排放到大气中去,使其温度维持在允许的范围内,以改善零部件的热强度和润滑状况,提高工程车工作的经济性和可靠性,延长其使用寿命,这就是工程车冷却系统的主要任务。

2. 冷却系统的分类

内燃机车冷却装置的作用就是要将柴油机、牵引电机及电器(电传动内燃机车)、液力传动油(液力传动内燃机车)工作时散发的热量排放到大气中去。

在液力传动的内燃机车上，通过油水热交换器用冷却水使液力传动油冷却，也有用油散热器靠冷空气使之冷却的。

就传热介质来区分，内燃机车大体有以下几种冷却方式：热固体表面与冷空气间的对流换热；热空气与冷空气、热水与冷空气，以及冷热空气间的传热；热油（润滑油、液力传动油、液力制动油等）与冷空气或冷却水间的热交换，汽化冷却等。

就冷却方式的不同，工程车上的冷却系统大体上可分为通风冷却系、柴油机水冷却系统、增压空气冷却系统和各类油的冷却系统。油冷却系统包括润滑油冷却系统、活塞冷却油冷系统、液力传动油冷却系统、液力制动油冷却系统、静液压传动油冷却系统和中间齿轮箱油冷却系统。除通风冷却系统外，其余各系统均与水系统有联系。因此，亦可将其余各系统归于水冷却系统之内。

冷却系统是工程车的一个重要组成部分，它对保证工程车的正常可靠工作具有重要作用。不仅如此，随着大功率工程车的发展，冷却系统还对提高工程车运行的经济性具有重要意义。近年来，国内外对工程车冷却技术的研究有了很大发展，并取得显著成效，现如今使用比较普遍的有双流道散热器冷却技术、散热器干式冷却系统以及高温冷却等。

3. 冷却系统的组成

冷却水系统由冷却水泵、中冷器、机油热交换器、散热器、冷却风扇、静液压油热交换器、膨胀水箱、阀门管路及仪表等组成。

低温水循环系统：柴油机工作时驱动高温水泵将冷却水压入柴油机汽缸套和汽缸盖。冷却后出来的热水汇合进入散热器，被冷空气冷却后经止回阀又回到水泵。

低温水循环系统：柴油机工作时水泵转动，将冷却水中冷器，机油热交换器出来的热水在散热器被冷空气冷却后，进入静液压油热交换器，最后经逆止阀又进入水泵。

膨胀水箱安装在水冷却系统的最高处，它的作用是给冷却水系统自动补水（水的泄漏、蒸发），清除系统中产生的气泡和使冷却水受热后有膨胀的余地等。

管片式散热器由连接箱、扁铜管、管板、支撑管、侧护板等组成。扁铜管和散热片组成散热器的冷却芯。散热片上冲有许多小凸球或其他的结构形状，以增强空气湍流特性，提高传热系数。冷却芯两端焊接在补强板和管板的扁孔内，两端的连接箱和管板焊接，连接箱与管板之间构成的空间，为冷却水进、出流动的水腔。散热器通常呈 V 形布置，安装在机车冷却室钢骨架的集流管上。内燃机车上使用的散热器有管片式、强化型管片式、管带式、板翅式（铝）和新型管带式双流道散热器等。低温水循环系统散热器采用单节型式，有利于低温水循环系统配件的标准化，给制造检修部门带来方便。检修时如发现损坏，可更换有关单节。不同功率的机车可采用不同数量或者不同结构而安装尺寸相同的单节，这对制造检修部门非常有利。内燃机车上所用散热器单节数目的多少，要根据机车功率的大小、应散走的热量多少计算而定。

冷却风扇为扭曲叶片的轴流式风扇。由轮毂、叶片、流线罩组成，有钢板焊接结构和整体铸造结构两种。单流道冷却系统的高温、低温水冷系统，各有一个冷却风扇，双流道系统的高、低温水冷系统只有一个冷却风扇。风扇组装后需对风扇半径、中片顶部之间的距离、顶部的高度及安装角进行检查，并进行静平衡和超速试验。

冷却风扇安装在冷却室钢结构的顶部，与两侧的散热器构成 V 字形空间。当冷却风扇转动时，将冷空气从散热器机外侧吸进，并穿过散热片与散热器的热水进行热交换，然后向车顶排出。

4.2.6 电气系统

1. 电气系统组成

电气系统包括充电发电机、启动机、蓄电池、电子控制单元（ECU）、水温传感器、机油压力传感器、进气温度压力传感器、转速传感器及继电器等。

(1) 充电发电机

工程车的发动机机的充电发电机额定电压为28V,带有晶体管调节器。发电机在车上与蓄电池并联工作,工作时发电机自激磁。

发电机在安装、接线时要注意:

1) 必须充分冷却;

2) 必须防尘、防溅、防油;

3) 检查发电机皮带的张紧;

4) 只能与电压调节器和蓄电池连接运行

(2) 启动机

发动机的启动机为电磁控制、齿轮传动、以摩擦片式单向器传递扭矩的直流启动机。

(3) 电子控制单元

电控发动机采用电子控制单元(简称ECU),主要由控制模块及连接线束组成,采用CAN和K总线方式实现发动机与整车电控单元的自由通信,可实现整车故障诊断和报警处理,具有稳定的系统处理能力和多层次的系统保护和纠错措施,提高了发动机的可靠性和安全性。

发动机ECU安装在发动机上,主要连接线束由喷油器线束、传感器线束和整车线束组成,其中喷油器线束和传感器线束在发动机出厂时已安装完毕,工程车生产厂家只连接整车线束。

(4) 蓄电池

蓄电池的主要用途是启动时供给启动机强大电流;另外,在发动机停转或充电发电机电压较低时,它向各用电设备供电,而在发电机电压高于蓄电池电压时,它又能将发电机的一部分电能转变为化学能储存起来,即充电。当发电机超载时,它又能协助充电发电机供电。使用过程中,应按有关规定对蓄电池进行充电和维护。

(5) 各种传感器

传感器的主要用途是指示机车运行情况,并为电子控制单元(简称 ECU)运算提供数据。

主要有:机油温度传感器、机油压力传感器、燃油压力传感器、发动机转速传感器、增压空气压力传感器等组成。

(6)继电器

继电器是一种电子控制器件,它具有控制系统(又称输入回路)和被控制系统(又称输出回路),通常应用于自动控制电路中,它实际上是用较小的电流去控制较大电流的一种"自动开关"。故在电路中起着自动调节、安全保护、转换电路等作用。

(7)断路器

正常情况下接通和断开高压电路中的空载及负荷电流。在系统发生故障时能与保护装置和自动装置相配合,迅速切断故障电流,防止事故扩大,从而保证系统安全运行。

2. 电气系统使用及维护

日常使用过程中,应经常清洁电气设备、检查灯光、仪表、雨刮器等动作。

(1)启动电机的保养

1)启动电机使用前,应对柴油机、启动系统电路和蓄电池的充电状况进行检查。

2)在正常情况下,柴油机一次就能启动,每次启动电机的运转时间不应超过 15s 以上;如一次不能启动,需作第二次启动时,两次启动的时间间隔不小于 5min,以使蓄电池内部完成必要的化学反应。绝不允许在柴油机及启动电机尚未停止转动时,再启动,否则将引起齿轮与齿圈之间剧烈的撞击而损坏机组。当启动成功后,应立即放开点火钥匙,使启动齿轮从啮合位置退回原位。

3)当柴油机连续几次不能启动时,应排除故障后再进行启动。

4)应经常检查启动电机紧固件的连接是否牢固,导线接触是否紧密,导线绝缘有无损坏。

5）定期检查起动机齿轮磨损情况及传动装置是否灵活。

（2）充电发电机的保养

柴油机自带 DC28V，150A 充电发电机。它的壳内装有集成电路调节器，发电机输出的直流电是通过此调节器来控制的，负极通过外壳自行搭铁，故发电机重量轻、体积小、结构简单、维护方便、使用寿命长，低速时充电性能好。

1）充电发电机必须与蓄电池配合使用。

2）接线必须正确可靠，正负极切不可接错，否则将损坏硅整流发电机和调节器。

3）充电发电机由皮带传动，使用中应定期检查皮带的张紧力，以保证正常充电。

4）检查发电机在正常运行时的温升是否正常（发电机的绕组允许温度升 105℃）。

5）发电机运行时，不允许用螺丝刀等金属物品将正极等接线柱与机壳或负极短接以观察有否火花来判断发电机是否发电，这样容易将元件烧坏。

6）经常用压缩空气或"皮老虎"吹尽各部的灰尘。

5 机车操作与驾驶

5.1 内燃机车操作与驾驶规程

正确的操作方法和驾驶习惯胜过任何形式的维修与保养,也可以延长机车车辆的使用寿命。而娴熟的驾驶技术,决定了机车的性能发挥。只有提高我们自己的驾驶与控制技巧,才能够使机车车辆的性能得到充分发挥。努力提高自身的驾驶与控制技巧,不仅有利于机车车辆的性能苛护,更涉及自身及他人的安全保障。

5.1.1 操作规程

(1) 启动柴油机前必须确认柴油机润滑油、变扭器液力油在油尺两刻度之间(2/3为宜),冷却水(液)充足,各开关在中立位或断开状态,其他部件功能正常,机器间严禁有人逗留。

(2) 启机时蓄电池电压达到24V以上,保证柴油机能正常启动。

(3) 柴油机连续启动不得超过3次,以免造成蓄电池亏电,应查明原因,待排除故障后再起动,连续启动柴油机的时间不得超过30s。

(4) 启动柴油机后,至少怠速3min,冬期或长时间未启动应适当延长怠速时间,怠速期间不要加载任何负载,以免蓄电池亏电。

(5) 启机后按规定进行制动机试验,检查制动机效能。制动试验前需确认铁鞋已撤除,机车车辆手闸已松。

(6) 辅助发电机依靠柴油机带动的机车车辆,加载空调、头灯等负载时,应保持油门在 1100 转/min,以免造成蓄电池亏电。

(7) 动车前严格执行 5 确认:凭证、进路、道岔、制动、防溜。

(8) 水温高于 30℃,柴油机可部分加载;当水温高于 65℃时,柴油机方可在全负荷下工作,以防其他故障。

(9) 动车前,油门应先调至最小(钢轨打磨车除外),再操作挡位开关、换向开关和挂挡(或无级调速油门操作)起步。

(10) 无级调速的油门操作,每提升 100 转/min,应有意识停顿 1~2s,严禁猛拉或一步到位,防止机车因动力猛增造成轮对空转现象。当列车不能启动或启动过程中空转不能消除时,应迅速调整司控器,重新启动列车。

(11) 使用自动换挡,当自动换挡故障才允许使用故障换挡功能,并严格按各挡位的理论换挡点所对应的车速进行换挡调速。

(12) 使用自动换挡时,应密切注意换挡灯的转换,当挡位转换成功时,应适当将油门调低(调至 1500 转/分钟左右),再按无级调速油门操作规定进行提油门。

(13) 机车挂平板车动车时,由于平板车缓解相对机车慢,机车制动缸缓解后,油门应保持怠速,待整列车所有制动完全缓解后方可缓慢提速,防止车辆抱闸动车,擦伤轮对等。

(14) 行车过程中,必须严格执行"彻底瞭望、确认信号、准确呼唤、手比眼看"的要求,信号确认必须由近及远、逐个确认、看准再喊、准确无误的原则,严格执行凭信号行车,做到车动集中看,瞭望不间断,确保行车安全。

(15) 机车在运行中应注意各个仪表所显示的数值是否正确。

(16) 机车运行中需要停车时,应将油门调至"中立位",使柴油机处于怠速状态,再将换挡开关置于零位,严禁高转速下操作换挡开关开关。

(17) 施加常用制动时,应考虑列车速度、线路坡度、牵引辆数和吨数、车辆种类及闸瓦压力等条件，保持列车均匀减速，防止列车冲动。进入停车线停车时，准确掌握制动时机、制动距离和减压量，做到一次停妥。

（18）施加紧急制动时，应迅速将自阀手柄推向紧急制动位，并立即解除机车牵引力，期间柴油机不得停机。车列未停稳，严禁移动自阀手柄，避免"断钩"发生。

（19）机车停机前，应将油门调置怠速，怠速 3min 后，再将所有负载（空调、照明）关闭，施加停放制度（上紧手闸）及常用制动后，方可停机，并关闭蓄电池开关，以免造成蓄电池亏电现象。

（20）机车停机后，对机车车辆各部件进行巡检，查看悬挂设备是否有脱落，是否有渗漏现象，关闭好门窗，燃油不足时应及时补充燃油。

5.1.2 岗位危险源

工程车司机岗位主要从事厂内调车及施工作业、正线运输及施工作业和故障处理等工作内容，岗位技能涉及较多，如厂内电客车调车转线、正线钢轨等设备运输、工程车加油作业等，作业安全要求较高。本节将主要讲解工程车司机岗位涉及的危险源及控制措施，保证安全生产平稳进行。

1. 工程车正线作业

（1）风险描述

1）未按要求对全列车进行全面检查试验，造成漏检，引发设备故障等。

2）未认真摘抄相关运行揭示，不明确正线有无限速地段。

3）未按要求，按要求核对好调度命令，臆测命令内容导致行车事故。

4）不清楚不便于司机瞭望的信号机的位置。

5）司机未按规定速度运行，造成超速运行。

6）未按规定加强瞭望，认真确认信号机、道岔和进路。

7）未与行调、施工负责人做好联控，未核对走行进路，未确认好行车凭证，臆测行车导致事故。

（2）控制措施

1）根据施工计划，提前召开机班安全预想会，弄清作业内容、作业时间、作业区域、请销点站、接触网供电安排、防护措施等。

2）提前准备好需要携带的各类填写记录，如工具备品，(400M和800M电台如图5.1-1，红闪灯和司机日志如图5.1-2，出车安全运行表如图5.1-3、图5.1-4。手电筒如图5.1-5。)，并确认工具备品状态良好。

3）按要求认真对全列车进行全面检查试验，重点检查货物装载加固状态、油水位、走行部、重联接线、制动试验等，确保车辆状态良好。

4）认真摘抄相关运行揭示，重点了解正线有无限速地段。

5）按要求核对好调度命令，确认命令完整无漏项，命令内容明确无歧义。

6）发车前要求施工负责人对货物加固状态进行确认，并让施工负责人指派专人全程盯控货物状态，若发现异常及时通知司机停车。

7）对正线信号机设置在弯道上，不便于司机瞭望的信号机在正线提示卡和司机日志上做好标注，正线运行过程中，机班再次做好提醒，按规定限速30km/h，不得超速运行。

8）工程车正线运行时，司机、车长要不间断瞭望，通过车站限速35km/h，通过限速地段时，应提前控制速度，加强瞭望，确认信号显示状态、道岔开通位置，发现异常立即停车。

9）因施工需要，作业过程中需打开平板车端、侧门/侧板，机班要求施工人员，使用后及时锁闭好平板车端、侧门/侧板，车长做好端墙、侧门/侧板锁闭情况的检查确认，若不符合要求时及时联系施工负责人立即处理。

10）正线运行中机班做好与施工负责人及行调沟通，遇到问题第一时间联系行调，按行调指令办事。

11）正线作业中，机班与行调及施工负责人做好联控，核对好走行进路，确认好行车凭证，严禁臆测行车。

图 5.1-1　400M 和 800M
（a）400M；（b）800M

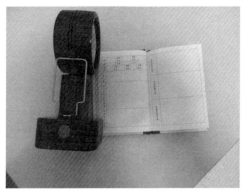

图 5.1-2　红闪灯和司机日志

图 5.1-3　出行安全运行表（一）

图 5.1-4　出行安全运行表（二）

2．调车作业

（1）风险描述

1）未按规定核对调车作业单，未及时发现问题，造成因漏写或错写勾数导致调车中断或错误调入股道。

2）未按规定速度运行，造成超速、脱轨等。

3）未按规定加强瞭望，认真确认信号机、道岔和进路，造成冒进、挤岔、脱轨等。

4）未按规定连挂作业，造成连挂速度过高，导致设备损坏或人员受伤。

图 5.1-5　手电筒

5）未按规定进行分钩作业，造成车辆溜逸或人员受伤。

（2）控制措施

1）接到调车计划后，车长必须亲自向司机传达计划，做到听清、问清、传达清，严格执行"三清一不动"：计划不清、信号不清、变更计划和股道不清，不动车。

2）调车过程中，要严格执行"四个一度停车"：

① 单机挂车和推进车辆挂车距停留车列不少于 3m 处；

② 平交道口或出入车库大门前；

③ 距尽头线土挡 10m 前；

④ 故障道岔和故障信号机前必须一度停车确认、联控。

3）调车作业要严格执行调车动车前"四个询问进路"：

① 调车作业的每一勾；

② 压信号调车；

③ 越出车厂线路调车；

④ 越过故障信号机调车。

4）调车作业时认真确认"灯、岔、路"，严格把握"四个关"：

①计划关；②信号关；③进路关；④速度关。

5）严格执行"干一勾、划一勾"的制度。严禁做与行车无关的事情，严禁接打手机。

6）库内走行时严格遵守库内各限制速度，加强瞭望，确认道岔、岔尖及手信号，防止误认信号；注意前方机车、人员等情况，加强鸣笛，防止碰撞。

7）单机或牵引运行时，前方进路由司机确认；推进运行时，由调车员确认。无论推进或是牵引运行，司机必须在列车/机车运行方向操纵台操纵，调车员必须在司机一侧显示信号。

8）调车员应正确及时显示信号，司机应不间断瞭望，确认信号，并鸣笛回示；没有调车员的信号禁止动车；没有鸣笛回示时，调车员应立即显示停车信号（电台回示除外）。

9）连挂车辆，调车员应显示连挂信号和三、二、一车距离信号（三车约66m，二车约44m，一车约22m），没有显示连挂信号和距离信号不准挂车；单机连挂车辆不显示三、二、一距离信号，但距离被连挂车不少于3m时必须一度停车。

10）距离被连挂车辆不少于3m时应一度停车，调车员确认车辆装载货物的加固状态、车门及侧板关闭符合要求，无防护信号，车上车下无人作业，无侵线的障碍物，两车车钩状态及被连挂车辆防溜良好后，方可指挥司机挂车。

11）分钩时必须执行"一关前（关机车端折角塞门）、二关后（关车辆端折角塞门）、三摘风管、四提钩"的作业程序。

3. 压信号调车作业

（1）风险描述

1）司机不清楚存在压信号调车作业的位置。

2）司机在从事压信号调车作业时，未认真核对调车作业单，作业过程中司机未及时与信号楼值班员做好联控，擅自动车会造成列车挤岔、冲突、脱轨等。

3）司机未按压信号调车作业规定速度运行，造成超速。

4）司机未认真确认进路和道岔情况，盲目动车会造成列车挤岔、脱轨等。

（2）控制措施

1）司机应认真检查调车作业单，发现有遗漏时，司机应当面询问厂调。

2）司机应主动与信号楼值班员联系，在得到信号楼值班员电台通知："某某道至某某道进路好，同意压信号调车"，并确认进路正确后方准压信号调车。

3）压信号调车时/越过关闭的信号机时，司机（车长）应得到车厂信号楼值班员同意越过该信号机的通知，确认进路正确后方可越过该信号机，最高限速10km/h，司机应严格控制速度，不间断瞭望，认真确认进路和道岔位置开通情况是否正确。

4）司机必须认真确认进路上的每一架调车信号机，如进路中间有关闭的信号机，司机必须在该信号机前一度停车并与信号楼值班员联系，得到值班员口头同意越过该架信号机时方准越过。

4. 工程车连挂电客车作业

（1）风险描述

1）连挂速度过高，造成车钩损坏。

2）未按规定调整钩位，确认车钩高度，造成连挂困难或损坏车钩。

3）未确认连挂状态，盲目试拉造成脱钩等。

4）车长调整车钩未给司机下达停车信号，司机盲目动车造成人身伤害或设备损坏等。

（2）控制措施

1）接近连挂车辆1m左右时，再次一度停车。

2）车长/调车员检查电客车及工程车车钩状态，调整好过渡车钩高度。

3）车长/调车员按规定下达连挂信号，司机确认连挂信号后以低于3km/h的速度进行连挂。

4）连挂后车长/调车员检查连挂是否到位。

5）待车长/调车员检查确认连挂妥当后，车长/调车员按规定下达试拉信号，司机确认试拉信号后试拉。

5. 试车线调试及调车作业

（1）风险描述

1）未按规定执行一度停车规定。

2）车辆进入试车线后，未与信号楼、作业负责人联系确认，擅自动车。

3）未按规定进行制动机贯通试验，未按规定速度运行，未正确操作制动机，造成列车冲撞车挡、列车冲突、脱轨或设备损坏等。

4）接触网带电调试，司机未确认接触网终点标位置，未按规定速度运行，造成越过接触终点标等。

（2）控制措施

1）试车线作业时，车辆进入试车线后，应及时联系信号楼，报告车辆所属位置，并询问进路。待司机与信号楼联控并确认进路准备好后，司机联系作业负责人，按作业负责人要求动车调试。

2）作业前司机应联系作业负责人，要求列车在无调试试验模式下，保持25km/h以下速度往返运行一次，运行中司机进行制动机贯通试验（当速度达到25km/h时，自阀减压50kPa，直到停稳，司机注意观察车辆制动距离，确认制动机性能良好）。

3）接触网带电调试时，司机应确认接触网终点标位置，做好三、二、一车距离和速度控制，做到安全停车，严禁越过接触网终点标。

4）往返调试作业时，司机应根据调试速度要求，准确掌握制动时机．制动距离和减压量，应早减压、少减压，做到一次停妥，并按以下规定进行操作：

① 初次减压量，不得少于50kPa；

② 追加减压一般不应超过两次；一次追加减压量，不得超过初次减压量，累计减压量，不应超过最大有效减压量；

③ 自阀减压排风未止，不应追加，不得缓解机车制动；

④ 列车速度在15km/h以下时，不应缓解列车制动。

5）试车线作业时,调车员加强瞭望,严格控制速度,在尽头线 10m 处一度停车。

6. 厂内补砟作业

（1）风险描述

1）未弄清施工作业区域,擅自越出作业区域。

2）装车作业时,未对全列车施行制动措施,造成列车溜逸。

3）装车完毕后,未检查装载情况,造成偏载,引发事故或造成设备受损。

4）作业完毕后,未检查端板、侧板锁闭情况,造成侵限。

（2）控制措施

1）厂内线路补砟作业时,作业前,当班班长应及时了解作业区域、作业径路、速度要求,组织当班人员做好安全预想。

2）装车作业时,列车应全列制动,列车管减压量不得低于 100kPa。

3）装车完毕后,调车员检查道砟装载情况,确认无偏载。

4）作业时,按施工负责人要求进行作业,作业完毕后,调车员检查平板车卫生、端板、侧板锁闭情况,不符合要求及时联系施工负责人处理。

7. 接触网作业车施工作业

（1）风险描述

1）液压平台升降动作时,身体部位放在升降爬梯上,造成斩断手脚等人身伤害。

2）未与施工负责人联系弄清接地线连挂地点,若接地线影响行车未发现,造成车辆撞上接地线。

3）作业完毕后,未检查作业平台落位、平台护栏及护栏插销状况,造成侵限。

（2）控制措施

1）强调人身安全,液压平台升降动作时,必须通知现场人员请勿靠近接触爬梯。

2）在液压平台附近粘贴安全警示标语。

3）提前做好接触网作业车全面检查试验，机班与使用部门施工负责人提前 1h，共同确认作业平台技术状态，并填写相关表格。

4）接触网检修作业时，司机联系施工负责人，明确作业内容、作业区域以及接地线连挂地点（确认接地线不影响行车）。

5）作业负责人应指定专人在司机室与司机进行联控。

6）作业中司机要加强瞭望，注意控制速度，停车位置要准确（每次检查停车，尽可能的停在检查地点的后方，避免频繁的与信号楼联控询问反向进路）。

7）作业完毕后，检查确认作业平台落位是否正确，作业平台护栏是否折叠、插销位置是否正确，发现问题时及时联系施工负责人处理。

8. 压道作业

（1）风险描述

1）未弄清施工作业区域，擅自越出作业区域。

2）司机未按规定速度运行，造成超速运行。

3）司机未加强瞭望，密切注意线路变化。

4）司机发现异常情况未立即停车。

（2）控制措施

1）压道作业前，机班人员做好与 OCC、DCC 和施工负责人联控，明确作业区域、走行路径、速度要求，核对好调车作业单和调度命令，弄清注意事项及安全要求。

2）压道作业时，机班要严格按照规定速度要求运行，不得超速。运行中，司机加强瞭望，密切注意线路变化，发现异常立即停车。

5.1.3 制动机试验

1. 机车制动检查、试验标准（表 5.1-1）

机车制动检查、试验标准　　　　　　表 5.1-1

车型号	制动试验要求
ZER-4 蓄电池牵引车	(1)整备作业时,确认制动平衡杠不变形,螺丝不松动,闸瓦托及穿销、开口销齐全,闸瓦厚度磨损不超过 2/3,穿销完整。 (2)停车制动作用良好,能够正常进行制动及缓解,断电时停车制动施加。 (3)严格按 DK-1 制动机试验要求进行制动试验。 (4)制动试验时保压至少 1min。 (5)必须对两端制动机进行制动试验。 (6)调车员(车长)负责确认单元制动器状态是否及时和正常,并确认缓解状态时闸瓦与踏面间隙为 4～8mm
GCY450 轨道牵引车	(1)整备作业时,确认制动平衡杠不变形,螺丝不松动,闸瓦托及穿销、开口销齐全,闸瓦厚度不少于 20mm,穿销完整。 (2)停车制动作用良好,能够正常进行制动及缓解,断电时停车制动施加。 (3)严格按 JZ-7 制动机"七步闸"要求进行制动试验。 (4)制动试验时保压至少 1min。 (5)必须对两端制动机进行制动试验。 (6)调车员(车长)负责确认单元制动器状态是否及时和正常,并确认缓解状态时闸瓦与踏面间隙为 4～8mm
JC-2 接触网检测车	(1)整备作业时,确认闸瓦穿销开口销齐全,无断裂或严重偏磨;闸瓦托铁螺丝紧固无松动;制动平衡调节杆无松动、无变形;制动缸、勾贝、制动拉杆、复原弹簧安装牢固,作用良好,闸瓦厚度不少于 20mm,穿销完整。 (2)停车制动作用良好,能够正常进行制动及缓解,断电时停车制动施加。 (3)严格按 JZ-7 制动机"七步闸"要求进行制动试验。 (4)制动试验时保压至少 1min。 (5)必须对两端制动机进行制动试验。 (6)调车员(车长)负责确认单元制动器状态是否及时和正常,并确认缓解状态时闸瓦与踏面间隙为 4～8mm

续表

车型号	制动试验要求
GJ-2 轨道检测车	(1)整备作业时,确认制动平衡杠不变形,螺丝不松动,闸瓦托及穿销、开口销齐全,闸瓦厚度不少于 20mm,穿销完整。 (2)严格按 JZ-7 制动机"七步闸"要求进行制动试验。 (3)制动试验时保压至少 1min。 (4)必须对两端制动机进行制动试验。 (5)调车员(车长)负责确认停车制动风缸手动缓解拉环不锁定正常,性能良好,闸瓦托铁螺丝紧固无松动
JW-4 接触网维修作业车	(1)整备作业时,确认制动平衡杠不变形,螺丝不松动,闸瓦托及穿销、开口销齐全,闸瓦厚度不少于 20mm,穿销完整,停车制动风缸无漏风。 (2)严格按 JZ-7 制动机"七步闸"要求进行制动试验。 (3)制动试验时保压至少 1min。 (4)必须对两端制动机进行制动试验
RGH20C 钢轨打磨车	(1)整备作业时,确认闸瓦表面无裂纹、缺陷,厚度合适。 (2)机械缓解停车制动装置在正常位,制动风缸无漏风、安装牢固。 (3)制动试验时要确认电脑显示屏和机械指针显示是否一致。 (4)制动试验时保压至少 1min。 (5)必须对两端制动机进行制动试验
PC30 平板车	(1)整备作业时,确认闸瓦表面无裂纹、缺陷,厚度合适,机械缓解停车制动装置在正常位,制动风缸无漏风、安装牢固。 (2)制动试验时保压至少 1min。 (3)调车员(车长)负责确认勾贝伸出(制动)/缩回(缓解)状态是否及时和正常,并确认机车制动缸压力为 200kPa 时,平板车制动缸勾贝行程为 160~180mm,缓解状态时闸瓦与踏面间隙为 5~10mm

2. JZ-7 型制动机的检查与试验

(1) JZ-7 型制动机试验前的要求

1) 总风缸压力:680~800kPa;

2) 列车管压力:500±10kPa;

3) 均衡风缸压力:500±10kPa;

4）工作风缸压力：500±10kPa；

5）操作风缸压力：500±10kPa；

6）制动缸压力：0kPa。

(2) JZ-7型制动机试验（七步闸）

1）第一步：管路泄漏、自阀制动区、单独缓解位检查：

① 列车管和工作风缸泄漏检查：

a. 将自阀手柄移置最小减压量位；

b. 均衡风缸减压50kPa；

c. 列车管减压50kPa；

d. 制动缸上升100～120kPa；

e. 保压1min；

f. 列车管泄漏每分钟不超过20kPa。

② 阶段制动检查：

a. 自阀手柄由最小减压量位开始，施行阶段制动到最大减压量位；

b. 检查阶段制动是否稳定；

c. 列车管减压量与制动缸压力比例符合表5.1-2要求。

列车管减压量与制动缸压力对照表　　表5.1-2

列车管减压量(kPa)	50	70	100	120	140
制动缸压力(kPa)	100～120	150～170	240～260	290～310	340～360

③ 单阀缓解性能检查：

a. 自阀手柄在最大减压量时，将单阀手柄推向"缓解"位；

b. 单缓是否良好；

c. 制动缸缓至30kPa时，松开单阀自动复回"运转"位；

d. 1min内允许制动缸上升，但不超过100kPa。

④ 将自阀手柄移置"运转位"：

a. 列车管恢复定压；

b. 制动缸压力降为零。

2）第二步：最大减压位作用检查：

待列车管和工作风缸达到定压后：

① 自阀手柄移置最大减压量位；

② 列车管减压 140kPa，均衡风缸的排气时间为 4～7s；

③ 制动缸压力 340～360kPa，时间为 5～7s；

④ 将自阀手柄由最大减压量位移置"运转"位；制动缸压力由 340～360kPa 降至 35kPa，所需时间为 5～7s。

3）第三步：过量减压位作用检查。

当列车管充至定压后，将自阀手柄移至过减位：

① 均衡风缸减压 240～260kPa；

② 列车管减压 240～260kPa；

③ 制动缸压力上升至 340～360kPa；

④ 分配阀不起紧急作用。

⑤ 待排完风，将自阀手柄移至最小减压位：制动缸压力保压正常。

4）第四步：自阀手柄取出位、过充位作用检查：

① 待均衡风缸，列车管压力稳定后，将自阀手柄迅速移置"取出"位时：

a. 均衡风缸压力降至 240～260kPa 时，中继阀自锁；

b. 列车管保持原定压力不变（但允许有波动）。

② 再将自阀手柄移至"过充"位：

a. 均衡风缸压力恢复正常；

b. 列车管瞬间排风后又充风，应高于定压 30～40kPa 压力；

c. 机车产生制动后迅速缓解；

d. 过充风缸 0.5mm 小孔排气；

e. 将自阀手柄移至"运转"位：确认列车管过充压力逐渐消失，恢复定压（500±10kPa），时间应不少于 120s。

5）第五步：紧急制动位作用检查：

① 将自阀手柄移置"紧急制动"位时：

a. 列车管由 500kPa 迅速降至 0 的时间不大于 3s；

b. 均衡风缸减压 240~260kPa。

c. 制动缸由 0 上升至 400~420kPa 的时间为 4~7s；

② 紧急制动后单独缓解作用检查：（自阀在紧急位，将单阀手柄推置单缓位时起）

a. 在 10~15s 后制动缸压力开始缓解；

b. 在 25~28s 内制动缸压力降到 0。

③ 最后将自阀手柄由紧急制动位移回"运转"位：

a. 均衡风缸、列车管、工作风缸恢复定压；

b. 缓解良好；

c. 列车管由 0 上升至定压时间为 5~6s。

6）第六步：单阀阶段制动和阶段缓解作用检查：

① 将单阀进行阶段制动，每次制动量不得超过 50kPa：

a. 制动是否稳定；

b. 阶段制动是否正常；

c. 阶段制动保压是否良好。

② 单阀阶段缓解：

a. 阶段缓解是否稳定；

b. 阶段保压是否良好。

7）第七步：单阀全制动位作用检查：

① 将单阀手柄推至"全制动"位：

a. 制动缸压力由 0 升至 300kPa；

b. 所需时间在 3s 以内。

② 将单阀手柄由全制动位移回"运转"位：

a. 制动缸压力由 300kPa 降至 0；

b. 所需时间在 4s 以内。

③ 检查确认：

a. 总风缸压力应在 680kPa 以上；

b. 列车管压力 500±10kPa，均衡风缸压力 500±10kPa；

c. 制动缸压力 0。

注意：检查完 I 端制动性能后，按上述方法再检查 II 端制动机，两端试验的结果必须相同。

3. DK-1 型制动机的检查与试验

（1）DK-1 型制动机试验前的要求

1）总风压力：700～900kPa；

2）列车管压力：500±10kPa；

3）均衡风缸压力：500±10kPa；

4）制动缸压力：0。

5）电空控制器（以下简称大闸）、空气制动阀手柄（以下简称小闸）置"运转"位。

（2）DK-1 型制动机试验（五步闸）

1）第一步：紧急制动位作用检查

① 将大闸移至"紧急制动"位：

a. 由 500kPa 迅速降至 0kPa 的时间不大于 3s；

b. 制动缸由 0kPa 上升至 400～450kPa 的时间不大于 5s。

c. 小闸移至"缓解"位，制动缸压力下降：制动缸压力应缓解到 0kPa。

d. 小闸移回"运转"位：制动缸压力不得回升。

② 大闸移回"运转"位：

a. 列车管压力升至 480kPa 的时间不大于 9s；

b. 手柄停留 50s 以上充风（为下一步做准备）。

2）第二步：大闸制动位和中立位作用检查

将大闸移至"制动"位：

① 均衡风缸减压 140kPa 的时间为 5～7s；

② 制动缸压力 6～8s 上升至 360kPa，装有切控阀的机车为 140kPa。

③ 再将大闸移至"中立"位：

④ 均衡风缸每分钟漏泄量不大于 5kPa；

⑤ 列车管每分钟漏泄量不大于 10kPa。

3）第三步：大闸过充位作用检查

① 将大闸从"中立"位移至"过充"位：

a. 均衡风缸压力不变;
b. 列车管超过规定压力 30~40kPa;
c. 制动缸压力不变。
② 将大闸移至"运转"位:
a. 120s 左右过充压力消除,列车管恢复定压;
b. 制动缸压力缓解为 0。
4)第四步:小闸制动位、中立位和缓解位作用检查
① 将小闸移至"制动"位:制动缸压力在 4s 内升至 280kPa,最高位 300kPa。
② 将小闸移至"中立"位:制动缸压力不变。
③ 将小闸移回"运转"位:制动缸压力在 5s 内下降至 40kPa 以下。
5)第五步:空气位,小闸制动位、中立位和缓解位作用检查
① 空气位操作,应按有关规定进行电空位与空气位的转换;
② 将小闸移至"制动"位:
a. 均衡风缸减压 140kPa 的时间为 5~7s;
b. 制动缸压力 6~8s 上升至 360kPa,装有切控阀的机车为 140kPa。
③ 将小闸移至"中立"位:
a. 均衡风缸每分钟漏泄量不大于 5kPa;
b. 列车管每分钟漏泄量不大于 10kPa。
④ 将小闸移回"运转"位:
a. 均衡风缸恢复规定压力。
b. 列车管恢复规定压力。
c. 制动缸压力为 0。
d. 检查试验完毕后,将空气位恢复至电空位。
注意:检查完Ⅰ端制动性能后,按上述方法再检查Ⅱ端制动机,两端试验的结果必须相同。
(3)简易制动试验的方法
分别将单阀、自阀移至制动区,待制动缸压力上升至

100kPa 以上，可以正常缓解。

（4）标准制动试验的方法

1）列车管减压 50kPa，观察车辆制动缸勾贝杆有无伸出；

2）自阀减压后使用 104 分配阀的机车的制动缸压力 360kPa（使用三通阀的机车的压力 300kPa）时，制动缸勾贝正常伸出在规定范围；

3）自阀移至运转位，车辆缓解正常。

4. 制动机应急处理

制动机是机车车辆正常停车的有力保证，运行途中，如果制动机发生故障或制动失效将严重影响运营安全，甚至人身安全。因此，我们除了认真做好制动试验外，还必须做好运行中制动机失效时的应急安全预想。

（1）制动机失灵及不足的现象

1）JZ-7 制动机单闸制动时，制动管红针上升，列车管黑针不动，显示正常，但机车没有减速迹象或减速不明显。自阀制动时，制动管红针上升，均衡风管表针、列车管表针下降，显示正常，但机车没有减速迹象或减速不明显。

2）JZ-7 制动机制动时，制动管表针不下降，显示不正常，机车没有减速迹象。

（2）工程车制动失效时的应急处理（表 5.1-3）

制动机失效时的应急处理　　　表 5.1-3

机车型号	制动机失效时的应急处理
GCY450 牵引车	司机:(1)尝试将 JZ-7 制动机自阀手把移置"紧急制动"位,并将单阀手把移置"全制动"位,如无效立即拉下司机座位旁边"紧急制动"阀门。 (2)加强瞭望并鸣笛示警。 车长/调车员:加强瞭望并报行调(或车调)

续表

机车型号	制动机失效时的应急处理
ZER-4 蓄电池牵引车	司机:(1)尝试将 DK-1 制动机大闸手把移置"紧急制动"位,及施加"停放制动"。 (2)将司机室"车长阀"拉下。 (3)加强瞭望并鸣笛示警。 车长/调车员:加强瞭望并报行调(或车调)
JW-4 接触网作业车	司机:(1)尝试将 JZ-7 制动机自阀手把移置"紧急制动"位,并将单阀手把移置"全制动"位,如无效立即拉下司机座位旁边"紧急制动"阀门。 (2)加强瞭望并鸣笛示警。 车长/调车员:(1)立即将"停车制动"手把移置"制动"位施加停车制动。 (2)加强瞭望并报行调(或车调)
JC-2 接触网检测车	司机:(1)尝试将 JZ-7 制动机自阀手把移置"紧急制动"位,并将单阀手把移置"全制动"位,如无效立即拉下司机操纵台"紧急制动"按钮。 (2)施加停放制动。 (3)加强瞭望并鸣笛示警。 车长/调车员:(1)分别拧紧机车上手制动。 (2)加强瞭望并报行调(或车调)
RGH20C 钢轨打磨车	司机:(1)立即将方向手柄移置"0"位,使机车产生液力制动。 (2)按下"停车制动"按钮。 车长/调车员:加强瞭望并报行调(或车调)
GJ-2 轨道检测车	司机:(1)尝试将 JZ-7 制动机自阀手把移置"紧急制动"位,并将单阀手把移置"全制动"位,如无效立即拉下司机操纵台"紧急制动"按钮; (2)施加停放制动。 (3)加强瞭望并鸣笛示警。 车长/调车员:(1)分别拧紧机车上手制动。 (2)加强瞭望并报行调(或车调)

(3) 其他要求

1) 班组每月不少于 2 次对机车质量进行考评,重点为制动机与悬挂装置，分部每月不少于1次。

2）强调司机出厂前发现机车、车辆制动机故障时，未处理好，严禁出厂；机车、车辆在正线发现制动机故障时，司机不能应急处理，直接申请救援。

3）机车、车辆出现制动故障维修后，验收人员为工程车队长或高级司机。

5.2 相关作业流程

5.2.1 过度车钩拆装作业流程

本章主要讲述了过渡车钩的来由、作用以及过渡车钩的拆装作业流程，内容相对较为简单，目的是让读者能够在学习之后掌握车钩的拆装方法以及拆装过程的安全注意事项。

1. 过渡车钩的来由

工程车车钩：沿用铁路上的工程车13号缓冲车钩。如图5.2-1所示。

电客车车钩：永久性牵引杆和半永久性牵引杆。如图5.2-2所示。

图 5.2-1　工程车 13 号车钩

图 5.2-2　电客车车钩

为了实现工程车车钩与电客车车钩的安全连接牵引而设置的中间连接装置就叫过渡车钩,如图5.2-3所示。

图5.2-3 过渡车钩

2. 过渡车钩的安装方法

(1) 首先由两个人以上将过渡车钩的挂在13号车钩上;

(2) 其次推动钩舌将13车钩推至闭锁位;

(3) 最后检查过渡车钩安装的牢固性。

3. 过渡车钩的拆除方法

(1) 首先由1人两手抓牢安装在13号车钩上的过渡车钩;

(2) 另1人手提13号车钩的钩提杆,使13号车钩处于半开位;

(3) 两人抓牢过渡车钩,向外拉动,使13号车钩处于全开位,抬起过渡车钩并取出。

4. 安装注意事项

由于过渡车钩比较沉重,在搬运和安装的过程中应加派足够人员防止意外砸伤;工作环境复杂防止意外伤害。

5.2.2 工程车车厂调车作业的规定

为保证车厂调车作业人身及行车安全,在保证安全的前提下迅速完成调车任务,特制订《工程车车厂调车作业的规定》。

1. 人员分工

(1) 正常情况下每班值乘人员不少于2人,特殊情况下须经班(队)长批准增设添乘人员指导工作。

(2) 调车作业开始前,由班(队)长根据人员及作业情况进行分工,调车作业时,机班全员参加;机班2人分别担任司机、调车员/车长。

(3) 单机或在牵出运行时,调车员/车长必须在机车上协助瞭望、监督司机操纵并记录好作业时间点;连挂作业或推进运行时，调车员/车长应在车列运行前方进行瞭望及确认进路，及时将前方信息传递司机。

（4）特殊情况下3人及以上进行作业，在单机运行时，调车员必须在机车室协助瞭望，推进运行时双人双机。

2. 作业中人身及行车安全要求

（1）作业过程中，机班人员应按规定着装，严格执行标准化作业，不得做与工作无关的事情。

（2）作业过程中，机班人员应加强互控，车长/调车员应在司机侧显示信号。车长/调车员在上下车、摘接风管、摆钩等作业前，应先给停车信号，得到司机回示后方可进行作业。

（3）在尽头线推进时，距终端10m应一度停车，如需继续推进作业，司机应以随时能停车的速度继续推进，但距终端必须预留不少于3m的安全距离。

（4）在推进作业过程中，调车员必须正确及时地显示三、二、一车距离信号，距线路终端或道口以及停留车辆10m前必须一度停车；如需进入10m时，车长须及时准确地通报距离，司机应严格控制速度并鸣笛回示。没有回示，调车员应立即显示停车信号。

3. 特殊情况下调车

（1）调车信号因故不能开放（或灯光熄灭或显示不正确）时，司机（调车长）必须控制列车在该信号机前一度停车，需越过关闭的信号机时，司机（调车长）应得到车厂信号楼值班员同意越过该信号机的通知，确认进路正确后方可越过该信号机。司机（调车长）必须对该信号机所防护的道岔由近至远逐个进行呼唤确认。

（2）道岔因故不能由信号楼值班员正常操作改为就地人工操作时，司机（调车长）必须控制车列在该信号机前一度停车，停车后与信号楼值班员或（指定胜任人员），严格执行要道还道制度，得到信号楼值班员或（指定胜任人员）道岔开通指令后，并执行呼唤应答确认进路正确后方可动车越过该道岔。

4. 下列情况禁止调车作业

(1) 设备或障碍物侵入线路限界时，禁止调车作业。

(2) 禁止提活钩及溜放调车作业。

(3) 客车转向架液压减振器被拆除且空气弹簧无气时，禁止调车作业。

(4) 禁止两列车或工程车机车同时在同一条股道上移动。

(5) 在封锁或接触网停电施工区域禁止安排与施工作业无关的调车作业。

(6) 客车停放股道接触网挂有接地线时。

(7) 有维修人员正在机车车辆上作业，影响行车或机车车辆两端车钩处挂有"禁止动车"警示牌时。

(8) 机车车辆底部悬挂装置脱落时。

(9) 恶劣天气等因素（如：台风、暴雨等）。

(10) 机车车辆制动系统故障影响到行车安全时。

(11) 货物装载、加固不符合相关规定。

5.2.3 工程车正线作业流程

本章以正线运输为例，从整备作业、接受调度命令、动车出库等方面对作业流程及要求进行描述。

1. 整备作业：

(1) 工程车司机带齐工具备品、行车相关提示卡，对400M、800M无线电台与信号楼值班员进行通话测试，确保通话状态良好；

(2) 对参与正线作业的工程车重点启机检查，确认油水位都符合标准，对两端制动机进行全部试验，确保制动系统良好；

(3) 司机检查车辆车钩、风管连接状态，进行全列制动贯通试验。检查平板车侧板是否锁闭良好，部门安全员、施工负责人、工程车司机3人一同确认货物装载加固情况是否符合规定，及时提出整改意见并报厂调。

2. 接受调度命令

(1) 工程车司机到DCC接受调度命令，书面调度命令是工程列车开行的行车凭证之一，调度命令内容必须完整、明确、无歧义，不得臆测，不明确要当场提出；

（2）接令时注意检查行车专用章、命令号码和行调代码、发令时间等是否齐全正确，详细了解调度命令内容，确认作业内容、请点车站，与厂调认真核对无误后签收。

3. 动车出库

（1）动车前确认车辆停放制动、手制动完全松开、铁鞋及禁动牌拆除。与施工负责人联系，清点跟车人员并确认处于安全位置；

（2）确认行车凭证已完备（工程车从车厂发车的凭证为：发车股道信号机的显示和信号楼值班员的允许），无误后车长通知司机动车出库，运行至信号机出厂一度停车标前一度停车（无论出厂信号是在开放还是关闭状态），用800M无线电台与行调核对调度命令以及运行有关事项（重点询问地面信号显示是否有效），并做好相关记录，确认信号机开放正确后方可动车。

4. 列车运行

（1）列车运行实行"问路式"行车法，运行中在显示红色信号机前必须停车，询问行调后按行调命令办理；

（2）运行中司机应控制好速度加强瞭望，确认信号确认道岔，做好自控、互控、他控。车长应做好后部瞭望，不间断的确认货物状态，发现异常应立即通知司机停车；

（3）运行中司机与车长保持密切联系，如联系中断司机应及时停车。

5. 施工作业

（1）到达请点车站后，施工作业负责人负责到车站请点。司机接车站传达书面调度命令、确认复诵，并用800M电台与行调核对调度命令；

（2）联系行调确认进路排好后，按调度命令及施工作业负责人指令开始作业；

（3）在封锁线路内需往返运行进行施工作业时，应明确封锁线路的起点和终点，防止越出施工封锁区域；

（4）在区域封锁需进行转线作业时，动车前应明确进路，如不明确进路时应向施工负责人或直接向行调询问清楚；

（5）作业过程中车长负责与施工作业负责人沟通协调，司机服从车长指挥；

（6）对作业负责人的要求须符合安全规定方能执行，不得盲从。

6. 工程车回厂

（1）回厂进路往往会因为施工作业进度不同而变更，变更回厂进路时，注意要求行调发布带有命令号码、代码的口头命令。

（2）回厂时往往是刚刚结束施工作业，需加强瞭望、克服疲惫、严格控制速度，确保作业最后一环的安全。

（3）回厂时工程车应在回厂信号机前一度停车标处一度停车（无论回厂信号是在开放还是关闭状态），司机用400M或800M无线电台与信号楼值班员联系确认接车股道和注意事项后，按上述信号机显示的回厂信号动车。

（4）工程车辆停稳后应做好铁鞋防溜，工程车应施加停放制动，车辆应拧上手制动。

6 通用安全知识

6.1 工程车司机岗位安全规定

工程车司机应坚持"安全第一，预防为主"的方针，自觉遵守相关规章制度，杜绝人为事故发生，确保作业安全。所以每名司机要严格遵守有关安全守则及操作规程，严禁违章作业。

6.1.1 安全守则
1. 五严格
（1）严格遵守各种规章制度，正确执行各种作业程序，确保行车安全。
（2）严格按照行调命令及信号显示行车，工作时严守岗位，不得擅自离岗。
（3）严格执行动车前"五确认"（凭证、进路、道岔、制动、防溜）。
（4）严格执行"没有信号不准动车，信号不清立即停车"。
（5）严格执行"十六"字令：彻底瞭望、确认信号、准确呼唤、手比眼看。
2. 六严禁
（1）严禁未取得《工程车司机驾驶证》的人员在没有司机的监督下擅自操作机车。
（2）严禁跨越地沟，严禁走道心、枕木头、脚踏轨面和道岔尖轨。
（3）严禁连挂时穿越及探身于两车钩之间。
（4）严禁开车时接听或拨打电话等影响工作的行为。

（5）严禁触摸带电电气部分及转动部件。

（6）严禁超速、臆测行车、盲目操纵。

3．七必须

（1）检查时必须亲自确认。

（2）动车前必须进行制动试验。

（3）空转试验，机车必须制动。

（4）必须认真复诵、记录口头命令。

（5）处理电器故障前，必须断开电源。

（6）动车前，必须空挡惰行，确认无抱闸、无阻力。

（7）长时间停车或停车配合作业前必须施加停车制动或手制动。

4．八不准

（1）不准启机前机械间有人员逗留。

（2）不准飞乘飞降，不得直接跳下机车车辆。

（3）不准在运行中跨越车辆，骑坐车帮。

（4）不准在车辆运行中调整钩位，摘接风管。

（5）不准攀登到车顶上或在装载的货物上行走。

（6）不准站立在易于窜动或滚动的货物空隙之间。

（7）不准擅自移动、改换防护装置、警示标志。

（8）不准在作业时吸烟，打闹和干与工作无关的事情。

6.1.2　库内及工程车辆消防规定

为了加强消防工作，贯彻"消防为主，防消结合"的消防工作方针，履行消防安全职责，工程车司机应遵守以下消防规定。

（1）当班司机应对所有库内及机车上的灭火器进行一次检查，如发现灭火器残缺、破损、破封、失压或无铅封、过期应立即报告。

（2）工程车司机应熟悉和掌握常用消防器材的使用方法，熟知车库内消防器材存放位置。

（3）车库办公室内各电器、开关、插座必须作用良好，发现接触不良、烧损时应及时报修。

（4）车库内的消防器材属专用设施，任何人不得挪用。

（5）车库内作业严禁使用明火，特殊情况应申请办理动火手续，并做好消防防护。

（6）车库范围及工程车内严禁吸烟，吸烟必须在指定地点进行，并及时将烟头熄灭，置于相应的容器内。

（7）工程车机械间内不得有油垢、棉丝和积油，禁止在机械间使用明火。

（8）检查蓄电池时，要特别小心，严禁将金属工具置于蓄电池表面，以防短路，不得用燃油、酒精等易燃品擦拭蓄电池表面。

6.1.3 工程车库内火灾应急处理

工程车库是应用及检修的主要场所，其中铺设有很多的电缆和管线等能够引起火灾的重要设备、设施。在车库内发生火灾应第一时间报告上级，采取隔离、切断等手段，避免火势蔓延加重。

一般工程车库火灾主要分为车库内电气类火灾和机车火灾两类。

1. 车库内发生电气火灾

（1）立即断开电源总开关（夜间，拿电筒后方可断总开关）。

（2）1人报告情况，另1人取下墙上灭火器，按使用方法进行灭火。

（3）严禁使用泡沫灭火器灭火。

（4）如火势无法扑救则应考虑将停放机车移出库外，或人员立即从消防通道撤离。

2. 车库内机车发生火灾

（1）一人立即报告，着手启动另一台机车挂车。

（2）一人持灭火器对着火机车实施灭火（灭火时注意顺风风向及避免烫伤）。

（3）当未着火机车发动机起机后，当事者立即下车协助灭火。

(4) 如机车火势较大无法扑救时，在确保自身安全的情况下，将着火机车拖或推出库外解勾后，再动员其他人力物力扑救。

(5) 如与着火机车无法连挂，又无法扑灭较大火灾的情况下，当事者应迅速撤离以防油气爆炸危及生命安全。

6.1.4　工程车在车厂及正线火灾应急处理

由于地铁正线隧道路线较长，区间断面较小，车辆一旦发生火灾温度上升较快，浓烟不易扩散，人员疏散困难，极易造成较大人员伤亡事故和经济损失。因此工程车司机应熟练掌握在车厂及正线机车发生火灾时的应急处理方法。

1. 机车在车站范围内发生火灾

(1) 立即停止发动机、关闭电源，关闭相应的供油阀门。

(2) 1 人向行调报告火灾情况。

(3) 1 人使用灭火器扑救，1 人使用站内消防设施扑救（注意不要喷到接触网上，下同），灭火时正确使用防护用品及注意安全，防止高处跌落、烫伤。

(4) 在扑救的同时鸣笛示警及时电台通知车站人员支援。

(5) 救火时必须注意用水向燃油箱降温以防油气高温爆炸。

(6) 必要时在来车方向用红闪灯做好防护。

2. 机车在区间内发生火灾

(1) 立即停止发动机、关闭电源，关闭相应的供油阀门，并尽可能惰行至车站。

(2) 1 人向行调报告。

(3) 1 人使用灭火器扑救，1 人使用站内或区间的消防设施扑救，灭火时正确使用防护用品及注意安全，防止高处跌落、烫伤。

(4) 如果工程车可惰行时站时，应鸣笛示警及电台通知车站人员动员一切人力物力扑救。

(5) 救火时必须注意用水向燃油箱降温以防油气高温爆炸。

(6) 必要时在来车方向用红闪灯做好防护。

3. 机车在车厂范围内发生火灾

（1）司机立即鸣示警报信号，并用电台迅速向车厂调度报告。

（2）1人立即用灭火器实施扑救但要注意防烫防跌落。

（3）如果机车位于空旷位置，便于观察火源，灭火器须对准火源根部喷射，勿造成浪费（因为机车灭火器数量有限）。

（4）如火势较大无法扑灭时当事者应迅速撤离。

6.1.5 工程车加注燃油安全作业

为保证工程车需用燃油能及时加注，工程车用燃油接收数量准确、品质符合要求，加油安全可靠，防止燃油浪费及丢失。工程车司机根据工程车油箱内燃油存量加注燃油计划提报，配合相关部门做好燃油的接收管理和日常管理工作。确保燃油加注和使用过程中的安全。

1. 职责及注意事项

（1）当班工程车司机是本次燃油加注现场管理的第一责任人，当班调车员是本次燃油加注现场管理的第二责任人，共同负责加油作业现场工程车车辆的安全措施布置和监控，并做好工程车辆加油前的准备工作，司机负责填写报相关的班组报表，调车员负责核对。

（2）相关部门负责将加油站的加油车领入工程车库加油现场，将加油区域进行管理封闭并拉好安全警戒标识，禁止无关人员进入，并监护加油站工作人员对工程车进行燃油加注的操作。

（3）相关人员进入现场配戴好劳保用品，所有人员将手机暂时调到静音挡，油罐车司机加油前负责做好加油器具的准备，加油时油罐车司机负责操控加油设备，加油站人员负责工程车接入口的操作和监控，工程车司机在旁边安全位置协助传递油量的信息。

（4）当班司机负责打开燃油箱箱盖和监护加油站人员把加油管插加入油箱中，并观察油箱燃油面上升的情况，当燃油液面距离油箱口还有20cm时，通知加油站人员调小泵油量，改小流量模式加注燃油，防止燃油从油箱口冒出。

（5）加油站送油人员负责加油作业现场的油罐车安全措施布置及负责加油作业现场的操作安全，并按加油操作流程把工程车班提报的油品及数量加注到工程车的车载油箱中。

2. 燃油加注步骤及操作要求

（1）引车到位

1）加油站工作人员按工程车司机的要求引导油罐车停到指定加油地点（工程车库及工程车车辆停放的位置），拉起手刹，在车轮下放三角木防车辆溜逸。

2）加油站工作人员检查油罐车安全状况，及作业场所周围的环境安全。

（2）安全防护

1）加油站工作人员对整个卸油区域进行隔离，摆好警示锥、拉好警戒线、摆放"正在加油，请勿靠近"警示牌。

2）备好 2 个 4kg 有效干粉灭火器摆放在油罐车上风口，距离注油点 5m 以上。

（3）过程监控

1）加油站工作人员检查油罐车、卸油管和所有管道、阀门及计量孔是否无渗漏、溢油现象。

2）现场作业人员不得从事与加油无关的工作，如接听电话、维修车辆等，卸油区域禁止使用手机。

（4）确认

1）加油站工作人员佩戴安全帽，确认给工程车油箱加注所需油量。

2）加油站工作人员共同确认关闭出油阀，拆除卸油胶管。

（5）加完油后处理

1）加油站工作人员撤除车轮下的三角木，引导油罐车出清作业区。

2）加油站工作人员清理地面油污、收回警示锥、警戒线、警示牌和消防器材。

3）工程车司机锁好油箱盖。

3. 燃油量记录、登记

（1）相关部门人员负责本次加注燃油的油品和数量核对。

（2）加完油后，相关部门人员将本批次的油品封样留存，各方共同签字确认。

（3）工程车司机与仓管员共同签字，确认加油量，填写车辆加油相关记录表，收集好相关票据，将班组存放。

6.2 防护设备的使用

6.2.1 灭火器的性能和使用方法

灭火器是用来扑救初期火灾的。它的种类繁多，包括手提式干粉灭火器、机械泡沫和合成泡沫灭火器、CO_2 灭火器等。目前一般配备的是手提式干粉灭火器。

1. 灭火器的性能

（1）手提式干粉灭火器

1）使用范围：手提式干粉灭火器有 MFZL2、MFZL4 等型号，主要用来扑救 A 类固体火灾、B 类液体火灾、C 类气体火灾和电气火灾，但 MF 干粉灭火器只能扑灭液体、气体、带电设备火灾，不能扑灭固体火灾。

2）使用注意事项：灭火要果断迅速，不要遗留残火，以防复燃；如遇液体火灾灭火时，不要冲击液面，以防液体溅出，造成灭火困难。

3）检查方法：发现指针指在红色区域或开启使用过，就表明已失效，应送修。如图 6.2-1。

4）有效期：一般为 5 年。

（2）机械泡沫和合成泡沫灭火器

1）使用范围：泡沫灭火器用来扑灭固体、液体发生的火灾，不能扑灭带电火灾。

2）检查方法：发现指针指在红色区域或开启使用过，就表

图 6.2-1 失效灭火器

明已失效,应送修。

3) 有效期:一般为 2 年。

(3) CO_2 灭火器

1) 使用范围:CO_2 灭火器,适用于扑救液体、气体、电气设备的初起火灾,如带电的电气、贵重设备、图书资料等,但不能扑灭 A 类固体火灾。CO_2 灭火器按开关方式有手轮式、鸭嘴式两种。

2) 使用注意事项:灭火器在喷射过程中应保持直立状态,切不可平放或颠倒使用;不要用手直接握喷筒或金属管,以防冻伤;在室外使用时应选择在上风方向喷射,在室外大风条件下使用时,因为喷射的二氧化碳气体被风冲散,灭火效果很差;在狭小的室内使用时,灭火后操作者应迅速撤离,以防被二氧化碳窒息而发生意外;用二氧化碳扑救室内火灾后,打开门窗通风。

3) 检查方法:定期对灭火器进行称重,如泄漏的灭火剂重量大于总重量的 1/10 时,应补充灭火剂。

2. 灭火器的使用方法

(1) 手提式干粉灭火器

1) 除掉铅封,拔出保险销,将灭火器提到起火地点附近,站在火焰上风有效距离 2~3m 处。

2) 上下摇动灭火器几下,左手握着喷管对准火焰根部,右手提着按下压把,干粉即喷出。同时左手左右适当摆动喷管,使气体横扫整个火焰根部,并逐渐向前推移。

3) 如遇多处明火,可移动位置点射着火点,直至火焰点完全熄灭,不留明火为止,防止复燃。

4) 火灭后,抬起灭火器压把,即停止喷射。如图 6.2-2 所示。

(2) 机械泡沫和合成泡沫灭火器

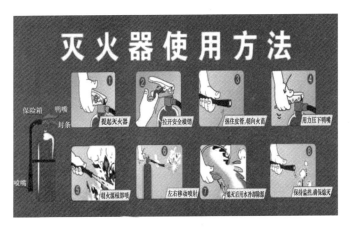

图 6.2-2　灭火器使用办法

扑救火灾时，离火点 3～4m 时，撕去灭火器上的封记，拔出保险销，一手握紧喷嘴，对准火源，另一只手的大拇指将压把按下，泡沫即可喷出，并迅速摇摆喷嘴，使泡沫横扫整个火区，由近而远，将火扑灭。

(3) CO_2 灭火器

首先将灭火器提到距起火地点约 5m 处，放下灭火器，一只手握住喇叭形喷筒根部的手柄，把喷筒对准火焰，另一只手迅速旋开手轮，或者压下压把，气体就喷射出来。当扑救液体火灾时，应使二氧化碳射流由近而远向火焰喷射，如果燃烧面较大，操作者可左右摆动喷筒，直至把火扑灭。当扑救容器内火灾时，操作者应手持喷筒根部的手柄，从容器上部的一侧向容器内喷射，但不要使二氧化碳直接冲击到液面上，以免将可燃液体冲出容器而扩大火灾。总之使用二氧化碳灭火器灭火时，应设法把二氧化碳尽量多的喷射到燃烧区域内，使之达到灭火浓度而使火焰熄灭。

6.2.2　防毒面具的作用和使用方法

1. 防毒面具的作用

防毒面具是办公楼、电力、地铁、化工等场所发生火灾事故时，必备的个人防护呼吸保护装置。配备的防毒面具必须符合公安部标准《消防过滤式自救呼吸器》GA 209—1999 规定，防毒、防火、防热辐射、防烟多种保护、密封性好，防毒时间≥60min，适用于成年人各种面形。

2. 防毒面具的使用方法

（1）打开盒盖，取出真空包装袋。如图 6.2-3 所示。

（2）撕开真空包装袋，拔掉前后二个罐塞。如图 6.2-4 所示。

图 6.2-3　打开盒盖，取出真空包装袋

图 6.2-4　撕开真空包装袋

（3）戴上头罩，拉紧头带。如图 6.2-5 所示。

图 6.2-5　戴上头罩，拉紧头带

（4）选择路径，果断逃生。如图 6.2-6 所示。

6.2.3　消防栓的性能和使用方法

1. 消防栓的性能

消防栓是与自来水管网直接连通的，随时打开都会有 3kg 左右压力的清水喷出。它适合扑救木材、棉絮类火灾。

2. 消防栓的使用方法

室内消防栓一般都设置在建筑物公共部位的墙壁上，有明显的标志，内有水龙带和水枪。当

图 6.2-6 逃生

发生火灾时,找到离火场距离最近的消防栓:

(1) 打开消火栓箱,取出水带。如图 6.2-7 所示。

(2) 抛水带:右手成虎口形握住水带的两个接头,拇指第一关节扣压水带外圈,其他四指扣压水带外圈。同时,左手拇指和四指分别插入水带两头接口内,并握紧两个水带头,两手协力托住水带,用力向正前方抛出,左手握水带头向上抽拉,使水带向正前方摊开。如图 6.2-8 所示。

图 6.2-7 操作消防栓　　　　图 6.2-8 抛水带

(3) 接水带:右手将水带接头与消防栓接头对接,并顺时针转动至卡紧为止。如图 6.2-9 所示。

(4) 接水枪、打开水龙头:迅速拿起另一头水带接头,一手拿着水枪向着火部位冲去,将水枪头接上水带接口,然后方可打开消防栓阀门。如图 6.2-10 所示。

图 6.2-9 接水带

图 6.2-10 接水枪

（5）灭火：射水时，采取包围灭火战术：阻火势和烟雾，使其向四周扩散，以便有效控制，以至将火扑灭。注意：在确认火灾现场供电已断开的情况下，才能用水进行扑救。如图 6.2-11 所示。

图 6.2-11 灭火